★ 适合8至9岁 ★

多彩童年

DUOCAI TONGNIAN

主编 崔 峦

编 委 会

名家寄语

广泛阅读，可以提高阅读理解力；

广泛阅读，可以丰富知识，开阔视野；

广泛阅读，可以提升思维力、鉴赏力；

广泛阅读，可以促进人的精神成长。

新编的读本，包括古诗文经典诵读、优秀作品专题阅读和整本书阅读，是落实课内外阅读一体化的优质资源。

捧起这套读本读起来，你会越来越享受阅读，你的一生一定会因为阅读而精彩！

崔峦

用阅读滋养你的心灵，
让你变得聪明善良，胸怀
宽广，更富想象力和创造力。

[illegible]

发现美，学会爱，表达自己，
在阅读和写作中不断进步！

王一梅

阅讀是開啓美
好人生的鑰匙

趙麗宏
庚子九月

为自己读书
为美好读书

肖复兴
庚子中秋

读经典的书
做优秀的人

汤素兰

幻想，从现实起飞

刘兴诗

目录

经典诵读

专题阅读一

范文阅读

组文阅读

自由阅读

专题阅读二

范文阅读

组文阅读

自由阅读

专题阅读三

整本书阅读

经典诵读

优美的古诗文是中华文化的瑰宝，蕴含着中华民族古往今来历久不衰的文化基因。抑扬顿挫的韵律，精当凝练的语言，高雅不俗的情趣，深刻精辟的哲理，都彰显了古诗文独特的魅力。

本组古诗文意境优美，每一首、每一篇都如同一幅美丽的画卷。请你边读边想象画面，领悟古诗文内容，感受其蕴藏的思想感情。阅读时别忘了和你的小伙伴一起交流感受到的诗情画意！

扫码收听朗诵音频

① 戏题湖上

［唐］常建

湖上老人坐矶（jī）①头，
湖里桃花水却流②。
竹竿袅（niǎo）袅③波无际，
不知何者吞吾钩。

注释

① 矶：水边突出的岩石。
② 却流：倒流。
③ 袅袅：细长柔弱的样子。

一位老人坐在水边的岩石上垂钓，湖面的桃花随着溪水缓缓流去。竹竿随风轻轻摆动，烟波浩渺，一望无际，也不知道哪一条鱼会上钩。

② 送 春

[宋] 王令

三月残花落更①开，
小檐②日日燕飞来。
子规③夜半犹啼血④，
不信东风唤不回。

注释

① 更：再，重。
② 檐：屋檐。
③ 子规：杜鹃鸟。
④ 啼血：形容鸟类的哀鸣，一般指杜鹃鸟的啼叫。

暮春三月，花落花又开，低矮的屋檐下，燕子每天飞来飞去。但那迷恋美好春光的杜鹃鸟在午夜依旧苦苦啼鸣，不相信那春风唤不回来。

③ 雨后池上

［宋］刘攽（bān）

一雨池塘水面平，

淡磨①明镜②照檐楹（yíng）③。

东风忽起垂杨④舞，

更作荷心万点声。

注释

① 淡磨：轻磨，拂拭。
② 明镜：比喻池面如同明镜。
③ 檐楹：这里指房屋的屋檐和厅堂的前柱。
④ 垂杨：杨柳。

一场大雨过后，池塘里涨满了水，非常平静，好像经人轻磨拂拭过的明镜，映出岸边房屋的倒影。东风忽然吹起，垂柳的枝条袅娜起舞，柳枝上的水珠洒落在荷叶上，不断发出清脆悦耳的声响。

扫码收听朗诵音频

④ 春　暮

［宋］曹豳（bīn）

门外无人问落花，
绿阴[①]冉冉[②]遍天涯[③]。
林莺啼到无声处，
青草池塘独听蛙[④]。

注释

① 绿阴：绿树浓荫。
② 冉冉：渐渐地，慢慢地。
③ 天涯：天边。此指高低远近都被绿荫所笼罩。
④ 独听蛙：只听见蛙鸣声。

暮春时节，门外的落花无人问津，绿树的浓荫渐渐地遍布大地。林间的黄莺啼声渐渐停下，春草芊芊，我独自站在池塘边，听青蛙不停地叫着，一片喧哗。

扫码收听朗诵音频

⑤ 幼学琼林（节选）

［明］程登吉

莲乃花中君子，海棠花内神仙。**国色天香**[①]**，乃牡丹之富贵；冰肌玉骨**[②]**，乃梅萼(è)之清奇。**

兰为王者之香，菊同隐逸之士。竹称君子，松号大夫。萱草可忘忧，屈轶(yì)[③]能指佞(nìng)。

注释

① 国色天香：指牡丹富贵艳丽。
② 冰肌玉骨：形容梅花的清秀俊奇。
③ 屈轶：古代传说中的一种草，奸佞的人来，草就指向他，所以又叫“指佞草”。

译文

莲花高雅，是花中的君子；海棠花超逸，被称为花中神仙。牡丹富贵艳丽，梅花清秀俊奇。

兰花有王者之香，菊花如隐逸之士，孤傲高洁。竹子有“君子”之称，松树有“大夫”之号。萱草又名“忘忧草”，可以使人忘却忧愁；屈轶别号“指佞草”，据说它能够辨别善恶，指出佞人。

扫码收听朗诵音频

⑥ 增广贤文（节选）

庭栽栖凤竹，池养化龙鱼。

有花方酌酒，无月不登楼。

牡丹花好空入目，枣花虽小结实成。

秋至满山多秀色，春来无处不花香。

在庭院中栽种能让凤凰停留的高高的竹子，在水池中饲养将来能化为蛟龙的鱼。

有花观赏才有饮酒的兴致，无月观赏就没有登楼的雅兴。

牡丹花虽然好，但只能供人观赏，枣花虽然细小，却能结出枣子供人食用。

秋天到了，满山都是美景；春天来了，到处弥漫着花香。

大自然的奥秘

大自然有无穷的奥秘，有趣极了。幽静的山谷、绚丽的落日、姿态万千的珊瑚……我们不禁惊叹大自然的独特魅力！看得见的自然，缤纷绚丽；还有我们肉眼看不到的世界，更是神秘莫测。

请同学们认真品读本专题文章，了解作者是从哪几个方面把事物写清楚的。用心阅读，相信你一定会有收获！

范文阅读

①山中访友（节选）

李汉荣

走出门，就与含着露水和栀(zhī)子花气息的好风撞个满怀。早晨，好清爽！心里的感觉好清爽！

不骑车，不邀游伴，也不带什么礼物，就带着满怀的好心情，哼几段小曲，踏一条幽径，独自去访问我的朋友。

联系下文，看看作者都访问了山里的哪些朋友。

那座古桥，是我要拜访的第一个老朋友。德高望重的老桥，你在这涧水上站了几百年了？你累吗？你把多少人马渡过彼岸，你把滚滚流水送向远方，你弓着腰，俯身吻着水中的人影鱼影月影。波光明灭，泡沫聚散，岁月是一去不返的逝川，唯有你坚持着，你那从不改变的姿态，让我看到了一种古老而坚忍的灵魂。

走进这片树林，每一棵树都是我的知己，向我打着青翠的手势。有许多鸟唤我的名字,有许多露珠与我交换眼神。我靠在一棵树上，静静地，以树的眼睛看周围的树,我发现每一棵树都在看我。我闭上眼睛，我真的变成了一棵树，脚长出根须，深深扎进泥土和岩层，呼吸地层深处的元气，我的头发长成树冠，我的手变成树枝，我的思想变成树汁，在年轮里旋转、流淌，最后长出树籽，被鸟儿衔向远山远水。

树为人友，人为树友，人和树已融为一体。这是多么奇妙的一种境界啊！

你好，山泉姐姐！你捧一面明镜照我，是要照出我的混浊吗？你好，溪流妹妹！你吟着一首小诗，是邀我与你唱和吗？你好,白云大嫂！月亮的好女儿，天空的好护士，你洁白的身影，让憔悴的天空返老还童，露出湛(zhàn)蓝的笑容。你好，瀑布大哥！雄浑的男高音，纯粹的歌唱家，不拉赞助，不收门票，天生的

这一组排比句，运用拟人手法，让我们感受到作者和“山里朋友”之间的那种深厚情谊。用心朗读，看看这些山里朋友各有哪些特点。

金嗓子，从古唱到今。你好呀，悬崖爷爷！高高的额头刻着玄奥的智慧，深深的峡谷漾着清澈的禅心，抬头望你，我就想起了历代的隐士和高僧，你也是一位无言的禅者，云雾携来一卷卷天书，可是出自你的手笔？喂，云雀弟弟，叽叽喳喳说些什么？我知道你们是些纯洁少年，从来不说是非，你们津津乐道的，都是飞行中看到的好风景。

捧起一块石头，轻轻敲击，我听见远古火山爆发的声浪，我听见时间的隆隆回声。拾一片落叶，细数精致的纹理，在它走向泥土的途中，我加入了这短暂而别有深意的仪式。采一朵小花，插上我的头发，此刻就我一人，花不会笑我，鸟不会羞我，在无人的山谷，我头戴鲜花，眼含柔情，悄悄地做了一会儿美神。

忽然下起雷阵雨，像有一千个侠客在天上吼叫，又像有一千个喝醉了酒的诗人在云头朗诵，又感人又有些吓人。

巧妙比喻，使雷雨也有了情感，富有侠客与诗人的豪情逸致。

满世界都是雨，唯我站立的地方没有雨，却成了看雨的好地方，谁能说这不是天地给我的恩泽？

雨停了。……

幽谷里传出几声犬吠，云岭上掠过一群归鸟。我也该回家了。于是，轻轻地招手，惜别了山中的众朋友，不带走一片云彩，带回了满怀的好心情、好记忆，顺便还带回一路月色……

文章开头和结尾都写到了“满怀的好心情”，突出了“山中访友”之行的好心情。

② 家园落日（节选）

莫怀戚

很久以来，我都有种感觉：同是那个太阳，落日比朝阳更富爱心。

……这么说着我想起已到过许多地方，见过各种落日。

作者眼中的落日比朝阳更富爱心。下面作者都写了哪些地方的落日呢？请你找到后细细品读。

戈壁落日很大，泛黄古旧，半透明，边缘清晰如纸剪。此时起了风。西北一有风则苍劲，芨芨草用力贴紧了地，细沙水汽一般游走，从太阳那边扑面而来，所以感到风因太阳而起。恍惚之间，太阳说没了就没了，一身鬼气。

云海落日则很飘忽柔曼，宛若一颗少女心。落呀落，落到深渊了吧，突然又在半空高悬，再突然又整个不见了，一夜之后从背后起来。它的颜色也是变化的——我甚至见过紫色的太阳。这时候连那太阳是否属实都没有把握。

平原落日总是一成不变地渐渐接近地平线，被模糊的土地浸润似的吞食。吞到一半，人没了耐心，扭头走开。再回头，什么都没啦，一粒种子种进了地里。

看大海落日是在美国。或许因为是别人的太阳，总感到它的生分不遂意：你无论如何也看不到太阳是怎样浸进海水的，隔得还有一巴掌高吧，突然就粘在了一起——趁你眨眼的时候。这时美国朋友便骄傲地说，看，一颗水球在辉煌地接纳火球了。我说唔，唔唔。

读到这里，我们也仿佛受到一次爱的洗礼，明白了开篇那一幅幅落日图不过是对家园落日的衬托，也明白了作者为什么说“落日比朝阳更富爱心”。

说到底，我看得最多的，还是浅缓起伏的田野之上的落日。一说起它想到庄稼和家园的落日，普通得就像一个人。

在我居住的中国川东，就是这种太阳。

③ 细　菌

叶圣陶

细菌是极微细的生物，不用显微镜是看不见的。那些最微细的，即使在几千倍的显微镜下，还是看不见。

文章是从哪几个方面介绍细菌的？

细菌有球形的，有圆柱形的，有螺旋形的，形状不一。细菌主要用“自身分裂”的方法来繁殖，环境最适宜的时候，每二三十分钟分裂一回。现在假定每一点钟分裂一回，那么，1个细菌一点钟以后就是2个，两点钟以后就是4个，三点钟以后就是8个，一整天以后就是16777216个，多么大的数目啊！这样继续分裂到五天以后，全世界的海洋都容纳不下这么多的细菌了。可是，适宜于细菌这样大量繁殖的环境是没有的，并且营养成分也没有那么多，因此，细菌

“一点钟”，这里指一个小时。作者通过一系列的数字，让我们清晰地了解了细菌的繁殖能力是多么强大。

的分裂就受到了限制。

细菌到处都有。那些寄生在人体的大多数是无害的；然而有几种却是霍乱、伤寒、痢疾、喉痧(shā)、结核等传染病的病原。这几种细菌实在可称为“人类的仇敌”。不过在康健的身体里，它们不容易繁殖；因此，我们必须保持身体的康健，不让它们有捣乱的机会。

细菌的种类很多，其中不但没有什么害处，并且对于人类很有益处的也不少。醋、酱、酱油等食用品都是经过了发酵(jiào)制成的，发酵便是细菌的作用。有些细菌在地下繁殖，帮助植物生长。

一切东西的腐败也是细菌的作用，这对于人类固然有很多的不利；但是，如果没有腐败这回事，世界又将成什么样子呢？从古到今，尸体到处堆积着，那种凄惨的光景看起来一定很难受的。我们幸而看不到那种光景，这不能不说是细菌的功劳。

看来，看待事物，我们既要看到它不利的一面，也要看到它有利的一面，不能片面地看问题。

4 珊瑚王国[1]

［法国］儒勒·凡尔纳

过了一个缓坡，便是一处高低不平的凹地，深度在十五米左右。这里与上次所见到的地方不同，没有细沙，没有海底草地，更无海底森林。我立即发现，尼摩艇长今天带我们来的是一个神奇的地方——珊瑚王国。

……珊瑚很有趣，先是被归入矿物界，后又被归入植物界，最后又被归入动物界。古时候的人把它视为药材，而现代的人则把它视为饰物。珊瑚实际上是由许多珊瑚虫的石灰质骨骼聚集而成的东西。

原来人们对珊瑚的认识是有一个过程的，你对珊瑚有什么认识？

珊瑚虫多群居，聚集在珊瑚骨上。珊瑚虫具有独特的繁殖能力和生活方式，

① 节选自《海底两万里》，略有删改。

珊瑚虫的生活方式很有特点。

它们一群一群地聚居在一起，一代代地生长繁衍。我了解关于这种奇特的动物的最新研究成果。根据博物学家们的精确观察，它们在生长过程中，分泌物形成它们的外骨骼，外骨骼堆积形成树枝、扇子等形状的结晶体。对我来说，没有什么可以与参观大自然在海底种下的石化森林相媲（pì）美的了。

鲁姆科尔夫灯打开了。我们顺着正在形成中的珊瑚层走着。随着时间的推移，这些珊瑚层总有一天会把印度洋的这一部分海域给封锁住的。路旁满是杂乱无章地缠在一起的小珊瑚丛，上面开满了闪烁着白光的星形小花朵。

灯光照在这些色彩艳丽的珊瑚树上，景象万千，煞是迷人。我仿佛看见很多圆柱形薄膜细管在水波下颤动着。我真想动手采摘几片带有纤细娇嫩触须的新鲜花冠。这些花冠有的已经盛开，有的则含苞欲放。正在这时，一些身子轻捷、鳍(qí)在迅速摆动的鱼儿，像飞似的在珊瑚枝间游来游去。

这次偶然的机会让我得以置身其间，一睹珊瑚中最珍贵品种的风采。

稍往前走，珊瑚丛变得愈加密集，树枝状结晶也愈来愈大，展现在我们面前的是真正石化了的矮树丛，千姿百态，犹如结构奇特的建筑。

将珊瑚丛比喻为“奇特的建筑”，给读者留下更深的印象。

（陈筱卿　译）

阅读链接

珊瑚本身是白色的，它们身上艳丽的颜色其实来自寄生在它们体内的共生藻，共生藻一离开或者死亡，珊瑚就会变回白色，并且因为失去营养而死去。科学家认为，海洋温度不断升高，共生藻不断减少，是珊瑚出现白化的原因之一。

⑤ 大地裂口了

萧 红

本文写大地裂口，表现了冬天的严寒，你从文中哪几个方面感受到了严冬的寒冷？

严冬一封锁了大地的时候，则大地满地裂着口。从南到北，从东到西，几尺长的，一丈长的，还有好几丈长的，它们毫无方向地，便随时随地，只要严冬一到，大地就裂开口了。

严冬把大地冻裂了。

年老的人，一进屋就用扫帚扫着胡子上的冰溜，一面说：

“今天好冷啊！地冻裂了。”

赶车的车夫，顶着三星，绕着大鞭子走了六七十里，天刚一蒙亮，进了大店，第一句话就向客栈(zhàn)掌柜的说：

“好厉害的天啊！下刀子一样。”

等进了栈房，摘下狗皮帽子来，抽一袋烟之后，伸手去拿热馒头的时候，那伸出来的手在手背上有无数的裂口。

人的手被冻裂了。

卖豆腐的人清早起来沿着人家去叫卖，偶一不慎，就把盛豆腐的方木盘贴在地上拿不起来了，被冻在地上了。

卖馒头的老头，背着木箱子，里边装着热馒头，太阳一出来，就在街上叫唤。他刚一从家里出来的时候，他走得快，他喊的声音也大。可是过不了一会儿，他的脚上挂了掌子了，在脚心上好像踏着一个鸡蛋似的，圆滚滚的。原来冰雪封满了他的脚底了。他走起来十分不得力，若不是十分地加着小心，他就要跌倒了。就是这样，也还是跌倒的。跌倒了是不很好的，把馒头箱子跌翻了，馒头从箱底一个一个地滚了出来。旁边若有人看见，趁着这机会，趁着老头子倒下一时还爬不起来的时候，就拾了几个一边吃着就走了。等老头子挣扎起来，连馒头带冰雪一起捡到箱子去，一数，

作者通过这几句的描述，将严冬的寒冷形象地展现出来。

不对数。他明白了。他向着那走不太远的吃馒头的人说：

老头故意说地皮吞了馒头，卖馒头的老人真幽默。

“好冷的天，地皮冻裂了，吞了我的馒头了。”

行路人听了这话都笑了。他背起箱子来再往前走，那脚下的冰溜，似乎是越结越高，使他越走越困难，于是背上出了汗，眼睛上了霜，胡子上的冰溜越挂越多，而且因为呼吸的关系，把破皮帽子的帽耳朵和帽前遮都挂了霜了。这老头越走越慢，担心受怕，战战兢兢（jīng），好像初次穿上滑冰鞋，被朋友推上了溜冰场似的。

小狗冻得夜夜叫唤，哽哽的，好像它的脚爪被火烧着一样。

天再冷下去：

水缸被冻裂了；

井被冻住了；

两个“竟”字，突出了天气冷得出奇。

大风雪的夜里，竟会把人家的房子封住，睡了一夜，早晨起来，一推门，竟推不开门了。

大地一到了这严寒的季节，一切都变了样，天空是灰色的，好像刮了大风之后，呈着一种混沌沌的气象，而且整天飞着清雪。人们走起路来是快的，嘴里边的呼吸，一遇到了严寒好像冒着烟似的。七匹马拉着一辆大车，在旷野上成串地一辆挨着一辆地跑，打着灯笼，甩着大鞭子，天空挂着三星。跑了两里路之后，马就冒汗了。再跑下去，这一批人马在冰天雪地里边竟热气腾腾的了。一直到太阳出来，进了栈房，那些马才停止了出汗。但是一停止出汗，马毛立刻就上了霜。

只有细心地观察，才会看到这个画面。

6 沧海日出（节选）

峻 青

东方的天空，泛起了粉红色的霞光，大海，也被这霞光染成了粉红的颜色。这广阔无垠的天空和这广阔无垠的大海，完全被粉红色的霞光融合在一起了，分不清它们的界限，也看不见它们的轮廓，只感到一种柔和的明快的美。四周静极了，只听见山下海水轻轻地冲刷着巉（chán）岩的哗哗声，微风吹着树叶的沙沙声。此外，什么声音都没有，连鸟儿的叫声也没有，仿佛，它们也被眼前这柔和美丽的霞光所陶醉了。

连微风吹着树叶的声音都听得那么清楚。这样写，更能突出周围环境的静。

早霞渐渐变浓变深，粉红的颜色，渐渐变成橘红，以后又变成鲜红了。而大海和天空，也像起了火似的，通红一片。就在这时，在那水天融为一体的苍

这句话不仅写出了颜色的变化，还引出了下文。

茫远方，在那闪烁着一片火焰似的波光的大海里，一轮红得耀眼、光芒四射的太阳，冉冉地升腾起来。开始的时候，它升得很慢，只露出了一个弧形的金边儿，但是，这金边儿很快地在扩大着，扩大着涌了上来。到后来，就已经不是冉冉升起了，而是猛地一跳，蹦出了海面。霎(shà)时间，那辽阔无垠的天空和大海，一下子就布满了耀眼的金光。在那太阳刚刚跃出的海面上，金光特别强烈，仿佛是无数个火红的太阳，铺成了一条又宽又亮又红的海上大路，从太阳底下，一直伸展到鹰角亭下的海边。这路，金晃晃红彤彤的，又直又长，看着它，就仿佛使人觉得：循着这条金晃晃红彤彤的大路，就可以一直走进太阳里去。

一个“开始”，一个“后来”，写出了沧海日出变化的过程，多巧妙呀！

组文阅读

在“范文阅读”中，我们跟随作者一起从极普通的事物中发现了美，感受到了大自然的神奇。

请你边读下面几篇文章边思考：它们分别是从哪几个方面进行介绍的？哪些事物给你留下了深刻的印象？勾画出相关的句子或者写出简单的批注。

❶ 变幻多彩的地球

陶世龙

不同衣料做成的衣服，穿在身上，有的凉爽，有的暖和。

地球也有各式各样的衣服，五颜六色，绚丽多彩，而且会随着岁月的变化而变化。

蓝色的衣服是海洋湖泊，冬天暖和，夏天凉爽。这是因为水能吸收的热量特别多。当阳光强烈时，水把大量的热吸去，起了降低气温的作用；当天气转冷后，水又把热陆续放出来，使气温不会降得太低。

地球上约有71%的面积覆盖着蓝色的衣服，而在大陆上又有大约20%的土地穿着黄色的衣服，这就是沙漠和半沙漠地区。在大片的沙漠地区，那里气温热时特别热，冷时特别冷，起着与海洋完全相反的作用。在沙漠中，白天和夜晚的温差常常达到好几十度。

大气是地球最重要的一件外衣，它阻拦着太阳照射来的热，同时也阻拦地面的热向宇宙散失。如果没有大气，被太阳照着的地方就太热了，而晒不到太阳的地方又太冷了。

空气中含的水蒸气越多，吸收热的能力就越强，所以海洋上潮湿的空气比沙漠上干燥的空气更能吸收热量，调节温度。

在高山上，空气稀薄(bó)，水蒸气少，热量来得快，去得也快。那里一年四季常常被冰雪所覆盖，穿起了白色的衣服。

两极也是终年穿着白色的衣服的地区。那里因为位置的影响，阳光是斜射的。阳光在大气中旅行的时间长，一路上被阻挡掉的热量就多，所以到达地面的热量少，气温很低。地面得到的热量已经很少了，白色的衣服更将这些热大量反射掉，这就使温度更低了。

地球上约有10%的陆地终年穿着白色的衣服。到了冬天，“千里冰封，万里雪飘”，穿白衣服的地区就更多了。

能够使地球上冷暖干湿更加适合人类需要的，是绿色的衣服。植物掩盖地面，掩盖得最密的是森林，它对改善气候起着重要的作用。

地球的衣服和气候的关系非常密切，因此我们要让它穿得合适。这是有可能做到的，现在也正在做。植树造林，就是在制作绿色的衣服；修水库，扩大水田，就是为了使陆地上有更多的地区穿上蓝色的衣服；这些工作的结果又都使黄色的衣服逐渐减少。在宇宙飞船上天以后，我们对那看不见的最重要的地球外衣——大气，也将了解得更清楚，将来也有可能控制它，改造它。我们一定能使地球上的气候一天天变得更好。

② 霞 光

童 言

今天的霞光，真美！

夕阳坠在半山腰，浓艳的晚霞烧红了西天，抛洒缕缕红光，令人迷醉。

这光芒洒在青青的柳梢，弥漫着阵阵仙气，映得柳叶呈现一片红晕。微微的风滑过，叶子沙啦沙啦作响，霞光便随着飘扬的柳条闪闪烁烁，散开一片星星点点。霞光里的柳是美妙的、安然的。

霞光洒在路边高大的建筑物上，送来一片璀璨，闪闪的、亮亮的，像灯塔下的波面。白墙壁变成红色的了，灰墙壁变成红色的了，橘红色墙壁也变成红色的了。多美啊！霞光里的建筑是恬(tián)淡的、和谐的。

霞光洒在每一个角落，洒在每一个人身上，一切都变了，一切都沉醉了。

夕阳缓缓沉下去，红霞收回了它的柔光，柳也睡了，楼也静了，路上的行人寥寥无几。朦胧的天河越来越深沉，喧哗的一天沉寂了。

③ 云南看云（节选）

沈从文

云南因云而得名。可是外省人到了云南一年半载后，一定会和本地人差不多，对于云南的云，除却只能从它的变化上得到一点晴雨知识，就再也不会单纯地来欣赏它的美丽了。看过卢锡麟(lín)先生的摄影后，必有许多人方俨(yǎn)然重新觉醒，明白自己是生在云南，或住在云南。云南特点之一，就是天上的云变化得出奇。尤其是傍晚时候，云的颜色，云的形状，云的风度，实在动人。

战争给了许多人一种有关生活的教育，走了许多路，过了许多桥，睡了许多床，此外还必然吃了许多想象不到的小苦头。然而真正具有教育意义的，说不定倒是明白许多地方各有各的天气，天气不同还多少影响到一点人事。云有云的地方性：中国北部的云厚重，人也同样那么厚重。南部的云活泼，人也同样那么活泼。海边的云幻异，渤海和南海云各不相同，正如两处海边的人性情不同。河南的云一片黄，抓一把下来似乎就可以做窝窝头，云粗中有细，人亦粗中有细。湖湘的云一片灰，长年挂在天空一片灰，无性格可言，然而橘子、辣子就在这种地方大量产生，在这种天气下成熟，却给湖南人增加了生命的发展和进取精神。四川的云与湖南的云虽相似而不尽相同，巫峡峨眉夹天耸立，高峰把云分割又加浓，云有了生命，人也有了生命。

论色彩丰富，青岛海面的云应当首屈一指。有时五色相煊(xuān)，千变万化，天空如展开一张图案新奇的锦毯。有时素净纯洁，天空只见一片绿玉，别无他物。看来令人起轻快感、温柔感、音乐感。一年中有大半年天空完全是一幅神奇的图画，有青春的嘘息，煽起人狂想和梦想。海市蜃(shèn)楼即在这种天空显现，海市蜃楼虽并不常在人眼底，却永远在人心中。秦皇汉武的事业，同样结束在一个长生不死、青春常在的美梦里，不是毫无道理的。云南的云给人印象大不相同，它的特点是素朴，影响到人性情也应当挚厚而单纯。

云南的云似乎是用西藏高山的冰雪和南海长年的热风两种原料经过一番神奇的手续完成的。色调出奇的单纯，唯其单纯反而见出伟大。尤以天时晴明的黄昏前后，光景异常动人，完全是水墨画，笔调超脱而大胆。天上一角有时黑得如一片漆，它的颜色虽然异样黑，给人感觉竟十分轻。在任何地方“乌云蔽天”照例是个沉重可怕的象征，唯有云南傍晚的黑云，越黑反而越不碍事，且表示第二天天气必然顶好。几年前中国古物运到伦敦展览时，有一个赵松雪作的卷子，名《秋江叠嶂》，净白如玉的澄心堂纸上用浓墨重重涂抹，淡墨粗粗扫拂，给人印象却十分美秀。云南的云也恰恰如此，看来只觉得黑而秀。

日积月累

孤云将野鹤，岂向人间住。——［唐］刘长卿

野云万里无城郭，雨雪纷纷连大漠。——［唐］李颀

晴空一鹤排云上，便引诗情到碧霄。——［唐］刘禹锡

但去莫复问，白云无尽时。——［唐］王维

阅读实践

本组文章语言生动有趣，让我们感受到了大自然的奇妙。请你画出并积累令你感受深刻的句子，选择几句摘抄在下面吧。

活动二

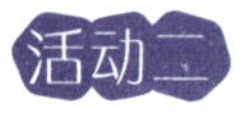

认真阅读这组文章，按照提示梳理内容。

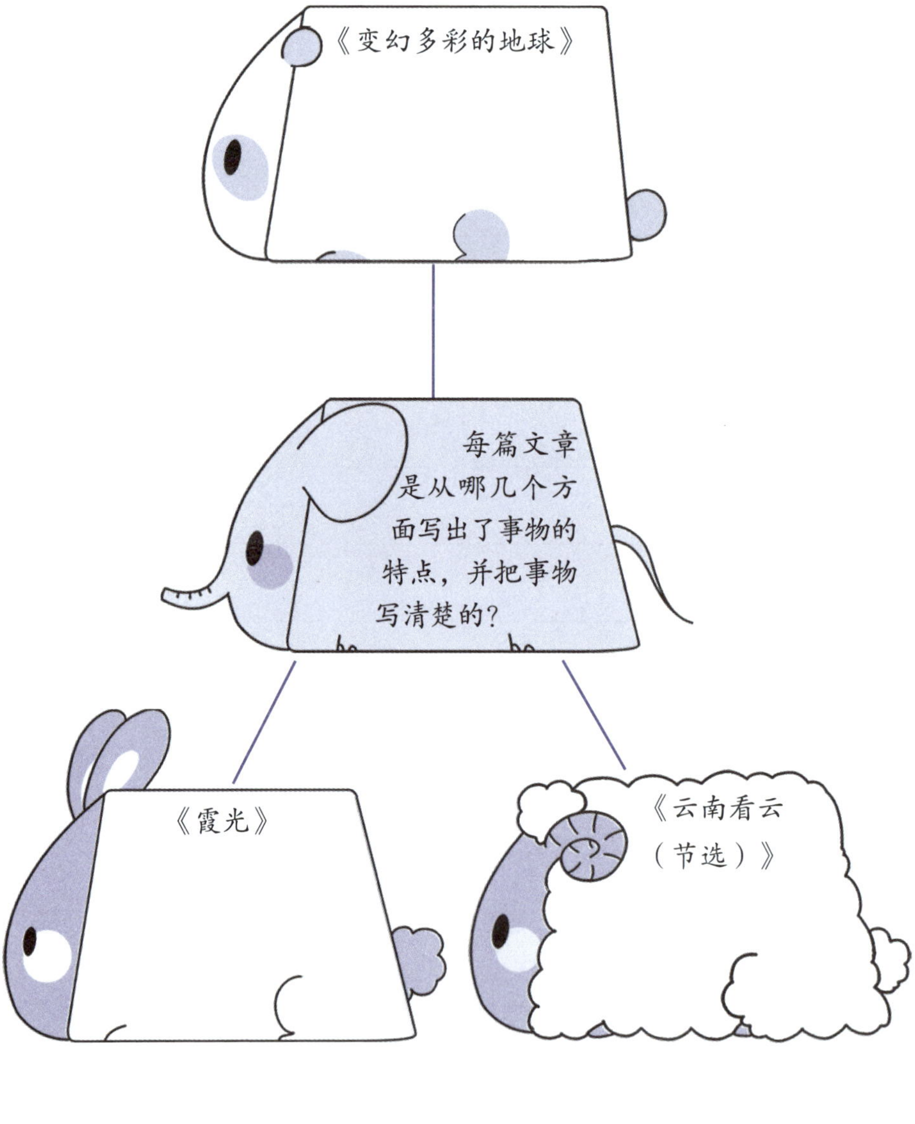

《变幻多彩的地球》
每篇文章是从哪几个方面写出了事物的特点，并把事物写清楚的？
《霞光》
《云南看云（节选）》

活动三

《变幻多彩的地球》从海洋湖泊、大气、森林等方面介绍了地球的各种外衣与气候的关系。请你选择自己喜欢的一个事物，想一想从哪几个方面进行介绍能使表达更有条理。

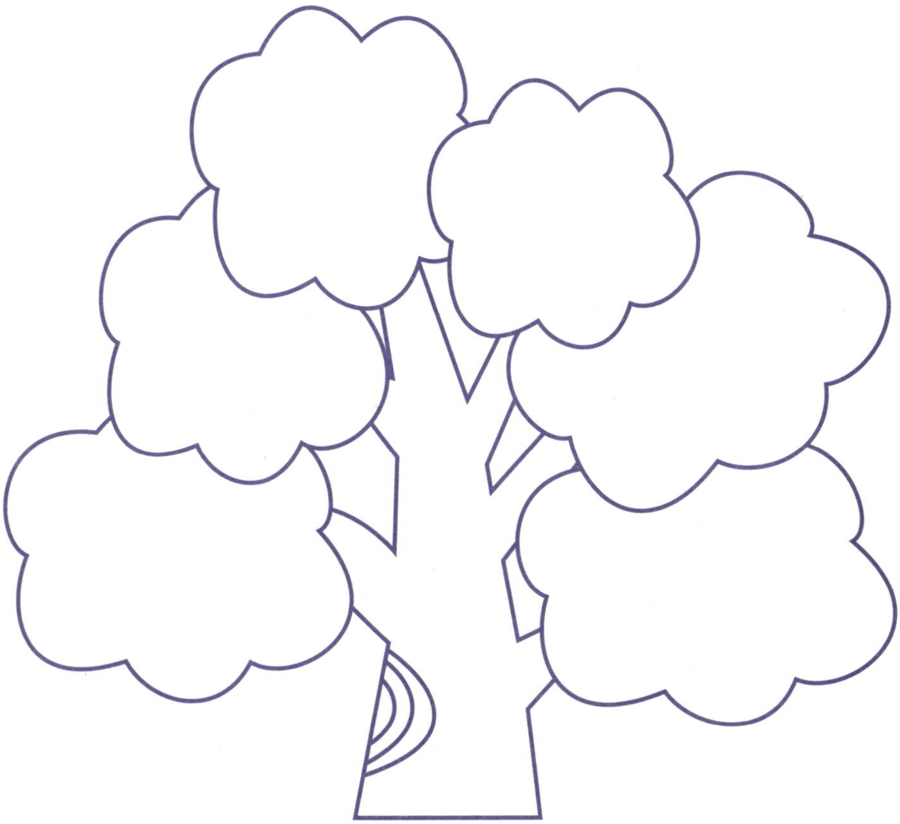

1 拉萨的天空（节选）

王宗仁

40多年间，我曾数十次到过日光城拉萨，每次看到那里的天空总是那么湛蓝、透亮，好像用一种特制的清水洗过的宝石一样清爽。说话的声波能碰到蓝天，伸出手来能触摸到蓝天。有人在描述拉萨的天空时讲了这么一句话——“掬蓝天洗脸”，说得实在精妙。我则常常这样想，也许有贴着山顶的白云映衬，拉萨天空的湛蓝才越发显得深邃、纯净。也许有拉萨河畔草地的对照，它的湛蓝才更加鲜活、美丽。

> “掬蓝天洗脸”，可见拉萨的天空蓝得清澈透明，简直像水一样，掬一捧就可以洗脸了。

拉萨天空的蓝色属于那种纯粹得淋漓尽致、无拘无束的色彩。它蓝得可以发出声音，它可以把你的视线冻结，使之长久地凝固在天幕的某个地方，让你尽情而贪婪地享受人间的碧蓝所带来的无限宽阔。我站在这座城市里任何一处并不讲究的街头或陋巷中，都会看到许多人在荧屏上和书本上看到过的那座高大的、依山而建的、气势磅礴的建筑——布达拉宫，它头顶的天空在一年四季中不管是深冬还是盛夏都净蓝净蓝地发亮。有了这蓝天，雄伟、壮丽的布达拉宫变得更加神秘、诱人！于是，我有了这样的猜想：拉萨的天空之所以这么湛蓝，就是因为有这座独特的圣殿，如果少了它，拉萨的天空就会冷得像结了冰，寂寞得像一所空房子。

在藏语中，拉萨是“圣地”的意思。那么，这湛蓝的天空就是“圣地”的窗帘了。

② 海的颜色

王　蒙

海是什么颜色的?

提出这个问题，估计多数人回答：蓝的。

什么蓝？怎样的蓝？一定是蓝色吗?

在渤海湾，“我”就没有获得过蓝海的感受。这里的海有什么特点呢?

例如在渤海湾，我就没有获得过蓝海的感受。不论在大连、秦皇岛（北戴河）还是烟台，我看到的海基本上是草绿色的。阴雨天，海是灰蒙蒙的。阴雨天，天与海的色彩最为接近，相互“认同”，难分难解。浅海处常见黄褐色，可能是因为那里的沙滩是金黄色的，浅海处因为涨潮退潮，因为风浪，因为游泳的人的折腾，把沙翻上来，便黄了，而遇到大风浪，便成了红褐色。风浪特大的时候，表面是白色的浪花——泡沫，往下是红褐色的海，好像是——用我的语言——麦乳精刚被沸水冲过。

渤海的颜色令人觉得温暖、亲切、随和，叫作“好说好说”。

1982 年年底到 1983 年年初我去南海，去西沙群岛，那里的海完全不同，那是深深的湛蓝色，阳光下映出一片金紫的光辉。阳光一接触到这样的海面便化作飞舞的金星，十分辉煌。飞鱼在海面上飞行。军舰在海面上行驶。浪花庄严无声。海的颜色神秘、深邃、伟大而又寂静。人们说这种颜色是由于海非常深。确实令人觉得非常深，不可见底。这深深的蓝色令人肃然起敬。

在不同的时间，作者去过不同地方，领略到了海的不同颜色。细细品读，想一想这些海的颜色都有哪些特点，给你怎样的感受。

我觉得这才是真正的原貌的海。

1987 年我去意大利西西里岛的首府巴勒莫，去那里的蒙德罗区，我有机会几次下海游水。海滩的沙子全是白色的（是珊瑚沙吗？我国南海诸岛的沙子也是白色珊瑚沙）。海水则是纯净的天蓝，晶莹的、明亮的、无瑕的、欲滴的；我要说是少年人的天蓝如玉，令人爱不释手，令人不忍前去劈水前游，令人欢海而醉、流连难舍。在这样的水里游泳的时候，可以隔着海水看到海底白沙的一切形状和纹络，似乎比不隔水（即通过空气）还看得清清楚楚。只是游到深处的时候，往下一看，一片漆黑，漆黑中似有几根乱草在水中浮动，不由得汗毛倒竖起了几根。

1989年春季去法国，参加那一年戛纳电影节的开幕式，顺便看了看摩纳哥这个小国的风光。那儿的海也是天蓝的，但似乎比西西里岛附近的第勒尼安海颜色深一些。

不管海是什么颜色，用手掬起，却都无色透明地玲珑剔透，似乎这个海那个海以至与湖泊与江河并无区别。都是水，都是H_2O嘛。溶化了的盐也是没有颜色的。浪花又都那么白，白得叫人心碎。

③ 以雷鸣夏[①]

叶永烈

“以鸟鸣春，以雷鸣夏，以虫鸣秋，以风鸣冬。”这几句古谚，以简洁的词句，几笔就勾出了大自然的四季交响乐。

“以雷鸣夏”，多有意思啊！文章围绕“雷”都写了哪些事物呢？

雷声，是大自然的夏之歌。

夏天的傍晚，常有电闪、雷鸣、乌云、大雨相互交错，一起降临。潮润的晚风，赶走了闷热；清风习习，给人们带来了凉意。

在我国的民间故事中，常常把电闪雷响说成是什么“雷公”与“电母”在云端敲鼓晃镜子。当然，现在谁也不会相信这一套啦。

雷，其实就是一块带正电荷的云与一块带负电荷的云遇在一起，发生放电而产生的。因为云所带的电荷

① 选入本书时略有删改。

很多，电位差常常高达几亿到几十亿伏特，所以常常产生明亮的闪光与震耳欲聋的声响，这就形成了闪电与雷声。

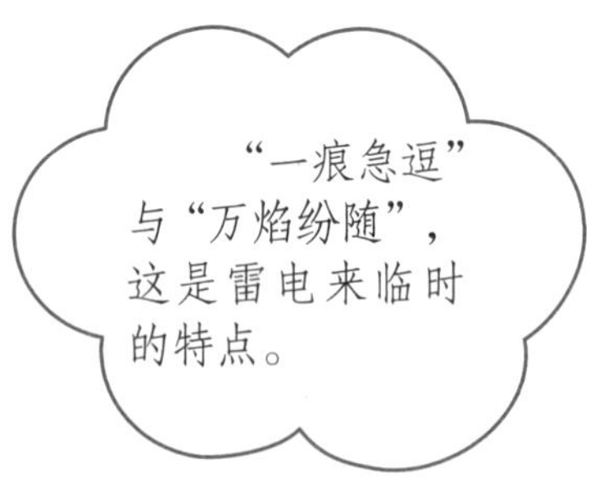

我国古代有个诗人，曾写过两句咏电诗："一痕急逗狂雷信，万焰纷随暴雨挝(zhuā)。"这里的"一痕急逗"与"万焰纷随"，恰如其分地画出了闪电的镜头。但是，严格地说，这也是与人们的错觉有关的。其实一般每次闪击所持续的时间，长则千分之几秒，短则百万分之几秒，真是一闪而过。可是，间隔时间极短的几次闪击构成一次闪电过程，反映到人们的视觉神经里，却往往能停留到1/16秒以上。这样，本来是不连续的"一痕急逗"的闪电，在人们的眼里倒成了"万焰纷随"的画面。

雨后，当我们漫步在街头时，常常感到空气格外新鲜。这有两种原因：一是倾盆大雨，给空气洗了个"淋水澡"，把那些空气中的流浪者——灰尘，大部分都冲掉了；另外一个原因，是闪电时发生了一场化学变化：空气中的有些氧气变成了臭氧。

臭氧是氧气的亲姐妹哩：1个氧气分子中，含有2个氧原子，而臭氧呢，却含有3个。

臭氧能够杀菌与漂白。常温、常压下，一定浓度的臭氧是浅蓝色的气体，有特殊臭味，具有很强的氧化能力。但是，浓度很小的臭氧，会给人以愉快的感觉。雷雨后，空气中游荡着少量的臭氧，起着净化空气与杀菌的作用。

雷雨时还发生另一场化学变化：空气中的氧气与氮气经过一系列化学反应，生成了二氧化氮。二氧化氮再溶到雨滴里，便成了“镪(qiāng)水”硝酸。

浓硝酸是匹烈马，腐蚀性极强。不过，雨滴中的硝酸是很稀的，跑到土壤中后，最终变成了容易被庄稼吸收的氮肥。

在大自然中，一道闪电足足有十几千米长，而且它还往往以非常快的速度向外伸长。每年，因为雷雨而产生的氮肥，据估计足足有20多亿吨。

当然，人们总是“见缝插针”，想尽一切办法去认识自然，改造自然。不少科学家正在设法征服雷雨，叫它老老实实地给人们制造肥料，而不允许它撒野，不管大海还是陆地，把氮肥乱扔一气。

原来雷雨的好处有这么多啊！

现在，我们可以看到：一场“吐火施鞭”的雷雨，不仅给人们送来了清新的空气、习习的凉风、晶莹的雨水，还送来了如珍如宝的氮肥。

阅读链接

当你遇到雷雨天气时，要远离各种金属物体，不要靠近高压变电室、高压电线和孤立的高楼、烟囱、大树、旗杆等，更不要站在空旷的高地上或躲在大树下，这些地方最容易遭遇雷击危险。在室内，要关好门窗，立即关掉电视机等电器，尽可能切断电源，切忌停留在电灯正下方以及倚靠在墙壁边、门窗边。遇到电闪雷鸣的天气时，还应尽量避免使用电话、手机等。

④ 冰川的风格（节选）

位梦华

只有当你乘坐飞机飞越南极大陆时，你才能看到南极冰川的真正气势。这时，在你脚下徐徐而过的既不是黑色的土地，更没有绿色的原野，而是洁白一片，茫茫无边，完全是一个冰的世界。甚至连那些在其他大陆上一向是岿(kuī)然巍峨、锋芒毕露的群山也都变成银装素裹，低矮平缓，失去了本来拥有的锐气。这是因为，巨厚的冰川填满了所有的沟沟壑(hè)壑，致使那些高耸的峰峦也都遭到了灭顶之灾，即使偶有露出冰面者也都为一层厚厚的积雪所覆盖，看上去只不过是一排排小小的冰锥而已。这情景使你不得不对那气吞山河、压倒一切的冰川产生某种敬畏之感。

> 多么神奇的冰川世界！真想去南极看看啊！

在冰川之上，偶尔还可以看到几条黑色的条带，它们纵横交错，笔直地延伸开去，那原来是冰缝，两壁陡峭，深不见底，像魔鬼的大口，张开着，随时准备吞掉一切似的。这时你会感到一股透心的凉气，觉得这冰川实在还有点险恶。

原来，看似平静安宁的冰川，却有着令人透心凉的险恶啊！

世界上最大的冰川是南极查尔斯王子山脉附近的兰伯特冰川，长达400千米，宽约64千米。其最大厚度2500米左右，这更是任何河流所无法比拟的。然而，其流速却要比任何河流，甚至比一条小溪都要慢得多，平均每年只有350米左右。但在冰川之中，这已经算是流动得相当快的了。

最大的冰川就是与众不同啊！这些数字就是最好的证明。

⑤ 瑞雪图（节选）

峻　青

连日来，暖和得如同三月阳春的气候，骤然变得冷起来了。一清早，晴朗的天空布满了铅色的阴云。中午，凛冽的寒风刮起来了。寒风呼呼地刮了整整一个下午。黄昏时分，风停了，那鹅毛般的大雪，纷纷扬扬地从半空中降落下来了。

“一清早……中午……黄昏时分……”，每一个时间段的天气变化都写得如此清晰。

这是入冬以来胶东半岛上的第一场雪。

这雪，下得很大，也很稳，开始的时候，还伴着一阵儿小雨。不久，雨住了，风停了，就只有那大片大片的雪花，从彤云密布的天空中，簌（sù）簌落落地飘下来。一会儿，地面上就发白了。夜里，冬天的山村，万籁俱寂，只听到那大雪不断降落的沙沙声和树木的枯枝被积雪压断了的咯吱声。

“彤云密布”是否可以用来形容下雨前的天空呢？

大雪整整下了一夜。第二天早晨，天放晴了，太阳出来了，推开门一看，嗬，好大的雪啊！那山川、河流、树木、房屋，都笼罩上了一层白茫茫的厚雪。极目远眺，万里江山变成了一个粉妆玉砌的世界。看近处，那些落光了叶子的树木上，挂满了毛茸茸亮晶晶的银条儿，那些冬夏常青的松树和柏树上，挂满了蓬松松沉甸甸的雪球儿。一阵风吹来，树木轻轻地摇晃着，那美丽的银条儿和雪球儿就簌簌落落地抖落下来。玉屑似的雪末儿随风飘扬，在清晨的阳光下，幻映出一道道五光十色的彩虹。

从远处看，这是一个白雪皑皑的世界。

文中是如何描写银条儿和雪球儿的美丽的？

大街上，积雪足有一尺多深。人在雪上走着，脚下就发出了咯吱咯吱的响声。一群群孩子，在雪地里做雪人，掷雪球，那欢乐的叫喊声、嬉(xī)闹声，把树枝上的雪都震落下来了。

这幅图有静止的景物，还有孩子们的叫喊声、嬉闹声。就是这些声音，让这幅图变得生动、活泼起来。

啊，好一幅北国寒冬瑞雪丰年的画图！

⑥ 白水台看云

吴　然

我们去白水台。

扎西介绍说，白水台是东巴文化的发祥地，有许多圣贤的传说和修行得道的遗迹。我对东巴文化一无所知。那些图画一样的象形文字，对我来说只有惊叹；而要了解一个敬畏鱼虫、敬畏草木的民族，只靠听听导游的解说词，坐在旅行车上跑一趟，那是绝对不可能的。我们不怀奢望，我们只是来看看白水台。

汽车转了个弯，远远地，我们看见前面山坡上的白水台了。周围的山是那么幽绿，那么青苍，就在幽绿与青苍中有一大片晶白，像大山敞露的肌体，纯洁，耀眼，无与伦比！科学解释说，这是泉水中的碳酸钙在阳光作用下沉淀凝聚的结果，是一个伟大的化学反应。纳西族说的呢，那就像他们的象形文字那样富有想象、富有诗意了。他们称白水台为“释卜芝”，翻译出来就是一句诗：“逐渐长大的花朵”。科学肯定是对的。纳西族也是对的。科学有科学的解释，纳西族有纳西族的传说。除了诗的描绘，纳西族又以飞腾的想象，说这是“仙人遗田”。当然，仙人在这里种的不是青稞，也不会是苞谷。

这时候，我们已经来到这朵硕大无比的、“逐渐长大的花朵”上，来到仙人留下的、不长庄稼只长想象的“玉埂银丘”里了。你拉来一汽车形容词吧，无论你怎样形容赞叹都不过分，都不会有人嘲笑你的疯狂或者所谓的“酸”。你看，蜂窝似的、浮雕似的乳白的石壁间、石窝里、石板上，是怎样若有若无地美轮美奂地流着滢(yíng)滢水泉啊！细柔的水丝静谧(mì)无声，温润中透着动人的凉意。你不想脱了鞋袜在上面走走？它是那样的丰满，丰满得像一朵云，一朵凝固了的云！是的，它就是一朵云，一朵凝固了的云！我惊讶我的这个发现。是白水台给了我灵感！我们站在云朵上，像仙人！这朵云也是在逐渐长大，不断变化的吧？一定是在逐渐长大，不断变化，只是我们看不见，也感觉不到罢了。然而我们看见天上的云，天上的云在不断地生长，不断地变化。啃，白水台不

> 在大自然的鬼斧神工面前，所有的形容词都会黯然失色。

正是最好的观云台吗？

在高原旅行，除了扑面而来的美景，最使你激动的是什么呢？是天上的云。请想一想，天是那样的蓝，那样的蓝，云是那样的白，那样的白，你会怎样地感动呢？你到什么地方去看这样蓝的天，这样白的云呢？况且，云们是怎样变幻着自己，怎样炫耀着自己啊！我忘不了这一路上的云，我要是能把它们速写下来，我一定是一个了不起的画家。可惜我不是。我们来看白水台的云吧！现在，就是现在，天空，当然是很蓝的天空，正好有一些云在玩游戏，一群白白胖胖的小熊，由熊阿姨领着在玩游戏。玩着玩着，小熊们和熊阿姨捉起迷藏来，忽地不见了，真的，简直是眼睁睁看着就不见了，它们躲到一团一团的戴着雪帽子的树丛里去了！熊阿姨自己也蒙了，一屁股坐在地上，把一个浑圆的背对着我们。接着她自个儿笑了，一打滚也钻进了树丛，不见了。接着树长成了岩石。这些珍珠色的看上去很有硬度的岩石，从内部把银光透射出来，不知为什么，兴奋得全身发抖，健康强壮地哈哈大笑，震荡山谷与森林。有人说："要下雨了！"说话间，一群奔马扬鬃而来，冲毁云的岩石，瀑布一样的大水在变成雨之前又冻结成冰川悬挂天边……哦，你知道白水台的后面，就是威风凛凛的哈巴雪山吗？我们看到的云，说不定就是他老先生派来的呢。而在哈巴雪山和玉龙雪山之间奔腾的金沙江，也正用虎跳峡的咆哮，把成群结队的云彩赶到这里来，来这里让我们一睹风采，来这里朝拜东巴圣地白水台！我不知道东巴圣贤们是不是常常在白水台看云。他们在创造象形文字的时候，变幻无穷的天上的云，会不会给他们某种昭示呢？我不知道。我也不知道看着这些云，圣贤们在想什么。我只知道高原的云，白水台的云永远也看不完，看不够。不同的季节，不同的时刻，它们是不同的。永远没有两朵相同的云。就像每一个象形字都是不同的，但组合起来就是一个世界，东巴世界。云的世界又有不同。云的世界是变化的世界，我们读不懂。我们刚才看到的只是一个童话的片段，而且还未必是。也许东巴圣贤们能读懂吧，白水台就是一朵凝固的云。

导游扎西问我们，白水台下面的白地村，建了一座东巴博物馆，要不要去看看？我们都说不去了，我们就站在白水台上看云吧，说不定我们还真能读出几个东巴象形字呢。

有趣的故事

亲爱的同学们，本专题展现在你面前的是一幅绚丽多彩的故事画卷。在这里，你将跟随主人公的脚步感受情节的新奇有趣、惊险曲折，相信你在阅读的过程中会感受到温暖，体味到善良，从而对世界有着美好的憧憬。

阅读这些故事时，要先了解故事的主要内容，并尝试运用按事情发展顺序、抓关键词、列表格或画示意图等方法来复述故事。

范文阅读

① 关公收周仓

黄亦波

三国故事里的关云长，是个智勇双全的人物。他善使一把青龙偃(yǎn)月刀，这把刀重八十二斤，用现在的话讲是四十一千克！这么重的大刀，打仗的时候确实可以派上大用场，可平常带来带去，既费力气，又不方便。关公一直在想，假使有个人能专门给他扛大刀就好了。可是，这样的人不容易找得到，因为不但要力气大，还要走得快。关公是骑马的，扛刀的人一定不能骑马，否则就不能人在刀在、随叫随到了。

阅读过程中要注意根据故事发展理清情节，并给同学讲一讲。

有一天，关公去野外打猎，一箭射中了一头野猪，野猪疼得要命，带箭向山上逃去。关公策马追赶，不料斜刺里蹿出一个黑面大汉来，快步追上野猪，一伸手抓住野猪的一条后腿，拎着便上山。关公大吃一惊，这个人力气真大，跑得又如此快。他心里一动，立刻大叫道：“前面的大汉，且慢走，我有话说！”

从黑面大汉的一系列动作中，我们能体会到他的敏捷。

那黑面大汉听了，立住脚，等待关公马到。

“黑面大汉，你叫什么名字？”关公问道。

“周仓。”周仓也不问人家姓名，便蛮不讲理地说，“这野猪是我捉到的，你要怎样？”

关公笑笑，说：“野猪嘛，可以商量。不过我看你力大无穷，行走如飞，我正要用这样一个人，不知你愿意不愿意？”

“干什么？”

关公说：“给我扛大刀！”

周仓一听，立刻倒竖虎须，大发雷霆：“要我给你扛大刀，你问问它愿意不愿意？”说罢，挥了挥又黑又大的拳头。

从“倒竖虎须”“大发雷霆”这两个词中，我们可以看出周仓是一个脾气暴躁的人。

关公看周仓那种粗鲁的神气，心里在发笑，却又和气地说：“你想比武吗？怎么比呢？”

“随你怎么比，我一拳头可以把你打成肉酱！”

通过对关公动作、语言的描写，可以看出关公的机智。

关公想，对这样的莽汉，只能智取，不能硬拼。他丹凤眼一转，瞥(piē)见地上有一只小蚂蚁在爬，便灵机一动，说：“如果你输了，你就给我扛刀；如果你赢了，随你要什么。”周仓也爽快地指指地上说：“这只猪就是我的！”

“好，一言为定！”

周仓急着追问：“比什么？”

“打蚂蚁！”

“什么？打蚂蚁？”周仓大吃一惊，世界上只听说有比刀、比枪、比射箭、比拳脚的，还没听说过有比打蚂蚁的。

关公蹲下去说：“这蚂蚁钢筋铁骨，十分了得，你如果一拳头打死它，我就算输了。”

周仓并不答话，捏紧醋钵（bō）大的拳头，运足力气，狠狠地一拳砸了下去。心想，我这一拳，少说也有三百斤，还打不死这只小小的蚂蚁？谁知拔起拳头一看，小蚂蚁若无其事地还在爬着。原来因为太着急，周仓并未看清蚂蚁位置，这一拳头砸歪了。周仓看看拳头，又看看还在爬动着的蚂蚁，气得吹胡子瞪眼。

关公把周仓拉在一边，说："看我的吧。你这么重的拳头都没打死它，是你没本事，我只要一个手指就叫它粉身碎骨！"于是，关公伸出一个指头，装着运足力气，慢慢地伸过去，朝蚂蚁轻轻一按，一擦，然后把手指伸到周仓面前："看！"

两人比试的过程真有趣，先和同学分角色读一读，再试着演一演，注意人物说话的语气。

周仓一看，大呼上当，不服气地叫道："这不算，重来！"

关公一心要收服周仓，便落落大方地说："重来就重来，不过，这一次再不能赖了。"

周仓说：“不赖不赖！这次比什么？”

关公弯腰从地上拾起一根稻草，指指一条小河说：“你能把这根稻草丢到那条小河对面去，就算你赢了。”

周仓哈哈大笑道：“这回你准输了！”于是接过稻草，用足力气，向着河对面掷(zhì)去。谁知稻草一点儿不听话，不但不过河去，反而在往后退。

会读书的你一定会发现，周仓扔的是一根稻草，而关公扔的是一捆稻草。风正迎面吹来，周仓哪能把一根稻草扔过河去呢！可见关公是如此足智多谋！

关公还没等周仓醒悟过来，拾起旁边一大捆稻草，身体像现在的田径运动员那样转了一圈，看准方向掷了出去。稻捆“嗖”的一声越过小河，滚到离河对岸几丈远的地方。

“怎么样？”关公笑着问周仓。

周仓佩服得五体投地，“扑”地单腿跪在关公面前，说：“周仓愿意为你扛大刀！不过，请你告诉我尊姓大名。”

关公扶起周仓，说：“本人姓关名羽，字云长……”

周仓一听，喜出望外地大叫起来：

“啊呀，你何不早说，我正在到处找你呢！好了，拿大刀来吧，我为你扛一辈子！”

从此，周仓跟着关公，帮刘备打天下，立下了汗马功劳。直到现在，关公的画像旁边还立着个手持大刀的黑面孔周仓呢！

一个人要想把事情办好，只靠有“勇”、有“胆”、有“力气”是不够的，还要善于动脑筋、能够发现事物的规律才行。

阅读链接

关云长赴会——单刀直入

关云长封侯——身在曹营心在汉

关云长的大刀——分量不轻

关公面前耍大刀——不自量力

② 小气奶奶

武玉桂

小气奶奶的“小气”都表现在哪里？

有个小姑娘，忘了她叫什么名字来着。反正只知道她特别特别小气：她的布娃娃，别的小朋友连动也不让动，谁想多看几眼都不行；有一次，她吃甜饼，不小心掉了个渣渣儿，还赶紧从小蚂蚁那儿抢了回来……

后来，过了好多好多年，这个小姑娘变成老太太了，可她还是那么小气，人们都叫她“小气奶奶”。

有一天，小气奶奶病了，她去找医生，说：“我呀——伤风又感冒，吃了一瓶药。为啥不出汗？不知道，不知道。”

如果你是医生，你会有更好的办法治好小气奶奶的病吗？

医生抬头一看：噢，是小气奶奶。他想了想，就给她开了一个药方。

小气奶奶来到药铺，药铺的叔叔看

了一下药方说：“错啦，老奶奶，到对门去买。”

对门是食品店。水果柜台的阿姨看了看那张药方，卖给小气奶奶一个大橘子。噢，原来这金黄色的橘子就是药哇，又清凉又败火，真是一味好药。小气奶奶高高兴兴又去找医生：“医生呀，这药怎么个吃法？”

医生说：“小气奶奶，您把它剥了皮，看看一共几瓣儿，就送给几个小朋友吃吧。”

小气奶奶从来没送过别人一丁点儿东西。可现在为了治病，只好照医生的吩咐去做。

从来没有送过别人东西的小气奶奶，此时好为难啊！你能体会到此刻她心里的想法吗？

橘子一共有八瓣儿。一个男孩子拿走了第一瓣儿，小气奶奶心疼得哆嗦了一下；一个女孩拿走第二瓣儿，小气奶奶的后背有些发热了；第三瓣儿给拿走了，她鼻子尖上微微地沁(qìn)出了汗珠儿；第四瓣儿给拿走了，她脑门也冒汗了……

最后，手心里一瓣儿橘子也没有了，小气奶奶差一点儿晕了过去，汗水把她的衣服全洇透了。当然，伤风感冒立刻就好了。

阅读链接

麦秆吹火——小气

耗子钻油壶——有进无出

吝啬鬼走亲戚——两手空

冷水烫鸡——一毛不拔

三分钱买烧饼看厚薄——小气得很

③ 方脸和圆脸

武玉桂

山脚下住着一户人家，家里有位老公公和一位老婆婆。

老公公高高的个子，挺瘦，长着方脸盘儿。老婆婆矮矮的个子，挺胖，长着圆脸蛋儿。

作者将老公公和老婆婆的外貌特点对照着写，真有意思。

方脸老公公喜欢方东西：他坐，要坐方凳；喝酒，要用方杯；就连走路，也要迈四方步。

圆脸老婆婆喜欢圆东西：她吃饭，要用圆桌；梳头，要照圆镜；睡觉的时候不用枕头，枕一个大南瓜。

他们都各自只喜欢和自己特点一样的东西。可是有的东西不全是方的或圆的，这就为下面的故事做好了铺垫。

有一天，老两口吵了嘴，要分家。

老公公说：“方东西是我的！”

老婆婆说：“圆东西是我的！”

好，就这么定啦，分吧。

老公公站在小院儿里一瞅，说："屋子是方的，归我。"

老婆婆说："椽(chuán)头是圆的，我得把屋顶拆喽……"

老公公指着家具说："桌凳是方的，归我。"

老婆婆说："钉子是圆的，我得把钉子都取下来……"

老两口分了一上午，越分越分不清楚。瞧吧：

被子是方的，被面上绣的花是圆的！

菜刀是方的，刀柄是圆的！

褂子是方的，袖筒是圆的！

老两口再互相一看，又发现：

老公公的脸盘是方的，眼珠儿是圆的！

老婆婆的脸蛋儿是圆的，两颗门牙是方的！

"哈哈"，老公公笑了。

"扑哧"，老婆婆乐了。

太有趣了！很多时候，圆的和方的东西都在一起，怎么分呢？结合生活实际，你也来说一说哪些圆的和方的东西是在一起、不容易分开的。

老公公和老婆婆都说："不分啦！不分啦！"

现在，老公公和老婆婆还住在一起，他们越过越快活。

有时候，适时地改变一下自己，反而会让我们更快活。这真是个有趣的故事！你能用学过的方法复述这个故事吗？

日积月累

来日方长	落落大方	贻笑大方
天方夜谭	千方百计	方兴未艾
字正腔圆	自圆其说	花好月圆

④ 天哪，司机是老虎

吕丽娜

999路公共汽车开过来了，排队等车的乘客们露出了微笑。今天是星期天，所以大家都不慌不忙的。

第一个上车的是位戴眼镜的先生。他刚踏上一只脚，立刻大叫着逃了回来。

原本是个很平常的星期天，没想到等来的竟是一只老虎司机，真让人感到意外。

“老……老虎！”他结结巴巴地说。

天哪，今天999路车的司机怎么是只老虎？那老虎穿着司机制服，正冲大家亲切微笑呢。

公交车站上乱了套。一个娇滴滴的太太立刻晕倒在她丈夫的怀里。

“叫救护车啊！”她的丈夫大叫。

一个老头倒在地上。

“快像我一样装死啊，”他对周围的人喊着，“也许老虎只吃活的东西！”

“打电话给警察局！”一个比较勇敢的小伙子嚷道。

“不对，应该打给动物园！”另一个比较勇敢的小伙子说。

奇怪的是，这两个小伙子的电话怎么也打不通。

“你们这些傻瓜，快逃跑啊！”一个老太太喊。

这句话让大家清醒过来，人们一哄而散。

不过，并不是所有的人都逃走了。

小孩子们没有逃，他们不像大人那么大惊小怪，因为他们喜欢老虎。

“那老虎看上去多么友好啊，我要上车！”一个小男孩说。

“我也要上！”“我也要上！”其他的小孩子都叫起来。

结果所有的小孩子都上了车。有几个大人犹豫了一下也上车了，这几个大人虽然早已经长大，可他们的心还是孩

司机是老虎！乘客们的反应是什么？和小伙伴分角色读一读吧，注意读出他们的语气。

与大人们的反应不同，这些小孩子和一些有童心的大人并没有那么大惊小怪。接下来的旅途，会发生什么呢？

子的心。

999路公共汽车稳稳当当地开动了。就在开车的一刹那，乘客们发现车窗外面的景色变了，不再是拥挤的街道和高楼大厦，而是变成了一片美丽的绿色原野。从窗子涌进来的原野的空气是那么清新，带着泥土的香味儿。

“第一站，兔子坡就要到了。哪位乘客要下车？”老虎司机用他低哑的嗓门愉快地说。

所有的乘客都要求下车。所以，好脾气的老虎司机就把车停在一边等着大家。

啊！简直太棒了！没想到老虎司机竟然带大家来到这样一个神奇的地方。

兔子坡看起来是面开满野花的小山坡，其实是个超级大蹦蹦床。一群小兔子正在那上面开心地跳啊跳，跳得那么高，不时有小兔子因为摸到了云彩而快乐地尖叫起来。

乘客们马上加入小兔子们中间。大家蹦呀跳呀，大声地笑着，一直到老虎司机按响了喇叭才恋恋不舍地上车。

下一站是秋千谷。秋千谷是个美丽的山谷，那里架着许多五颜六色的大秋千。乘客们和一群小猴子一起荡呀荡，山谷的风在耳边呼呼作响。

再下一站是松鼠林。在这里，乘客们和一群顽皮的小松鼠展开了松果大战，虽然不分胜负，不过大家都玩得痛快极了。

故事通过“第一站”“下一站”“再下一站”“再下一站”依次展开，复述时要按照顺序。

再下一站是蒲公英花田。蒲公英那小小的黑色种子全都装备好了它们洁白的翅膀，就要飞向四面八方了。乘客们欢呼着奔过去，因为吹蒲公英从来都是小孩子们心爱的游戏。

当晴朗的天空中飞满了那些白色的小伞时，最美妙的事发生了。每个乘客都长出透明的翅膀，飞了起来。他们在半空中咯咯笑着飞呀飞，互相点头、握手和拥抱。

多么美妙、多么神奇的事情啊！幸亏他们没有因为司机是老虎就不上车，不然可就要错过这些奇妙的经历了。

“终点站广场街到了。谢谢您的乘坐，欢迎下次光临。”老虎司机笑嘻嘻地说。

乘客们下了车，发现自己又站在了拥挤的城市街道上。

请你换一个与“依依不舍”意思相近的成语。

“再见！再见！”他们依依不舍地向那远去的999路车告别。

不知道什么时候，这样的奇迹会再次在这城市里发生。

日积月累

不慌不忙	结结巴巴
一哄而散	大惊小怪
恋恋不舍	五颜六色
四面八方	依依不舍

5 樵夫智寻猎户[①]

杨奇斌

从前，有个樵夫进山打柴时，突然听到“呜呜”的哭声。循声找去，只见一个农夫正蹲在一棵歪脖子树下哭泣。农夫的身边躺着一头大水牛，看起来已经死去多时。

根据文章意思猜测一下，“樵夫”是从事什么工作的？

樵夫连忙走过去，关心地问：“老哥，发生什么事了？”

与同学合作，分角色读一读人物的对话。

“我家的牛被猎户放置的铁夹夹死了。”农夫哭哭啼啼地说，“这头牛是我的命根子。现在它死了，以后的日子可怎么过啊！”

樵夫出主意说：“既然牛是被猎户的铁夹夹死的，你可以找猎户赔偿损失。”

“没用的。山下的猎户有七八个，

① 选入本书时略有修改。

且不说不知道这铁夹是哪个猎户放置的，就算知道是谁，对方也肯定不会承认的。这种事情之前已经发生过不少。”农夫伤心极了。

樵夫很同情农夫，他皱着眉头思考了一会儿，想出一条计策来，说：“老哥，你放心。我有办法帮你找到猎户，挽回损失。”

请你试着猜一下樵夫想出了什么办法。

听了樵夫的主意，农夫看到了希望，就止住哭声向山下跑去。

农夫来到村子里，逢人便说：“不得了啊！山上夹住一只大老虎，也不知是谁放的铁夹夹的。最好快点去收，否则那老虎死了，就不值钱了。”

猎户们自然知道活老虎更值钱，就纷纷赶来打听在哪座山夹住了老虎。农夫见人来齐了，这才说：“你们都放了铁夹，我担心说出来后，大家会相互争抢，导致不和。不如你们说出各自在哪儿放置了铁夹，各自的铁夹又做了什么记号。”

猎户们觉得他说得有理，就按要求说明自己放置铁夹的方位和特点。农夫据此找到了夹死水牛的猎户，但他仍旧不动声色，追问道：“你确定那棵歪脖子树下的铁夹是你放置的？”

那个猎户喜形于色，说道：“那当然！等我卖了老虎，再请你喝酒。”

“老虎就是在那里夹住的。”农夫这才带着兴冲冲的猎户和一群看热闹的人向夹住水牛的地方赶去。

等到了那里，猎户发现夹住的不是老虎，而是农夫的水牛。在众目睽睽之下，他无力狡辩，只得赔偿农夫的损失。

故事读完了，你能用自己的话来讲一讲这个故事吗？

6 金斧头

很久很久以前，有个年轻的小伙子，名字叫程实。由于家境贫寒，他常常吃不饱穿不暖。爹娘没办法，为了生活下去，只好把他送到财主家去干活。程实在财主家起早贪黑，忙前忙后，可是财主还是不怀好意地打骂他。

有一天，程实拿着斧头上山去砍柴。他过桥时，一不小心把斧头掉进了河里。河水又深又急，这可怎么办？如果斧头捞不上来，砍不了柴，一定会被财主打骂的。想到这儿，程实急得哭了起来。

你觉得程实会捞回他的斧头吗？让我们接着往下读吧！

就在这时，不知从哪儿来了一位白胡子老人，对程实说：“小伙子，不要哭，我帮你捞上来。”说着，老人“扑通”一声跳进河里，不一会儿，就拿着一把金斧头上来了。

老人笑着问程实：“这是你的斧头吗？”程实摇摇头，说：“不是我的。”老人听了，又“扑通”一声跳进河里，捞上来一把银斧头，说：“难道这把斧头是你的？”程实又摇摇头：“也不是，我的是铁斧头！”老人又从河里捞上一把铁斧头，程实一看，高兴得一蹦三尺高：“对！对！这才是我的斧头！”他接过斧头，向老人深深地鞠了一躬。

白胡子老人神通广大，三次下河，分别捞出了金、银、铁三把斧头。为什么程实选择了那把铁斧头？

老人捋了捋胡须，摸摸程实的头，说：“你真是一个诚实的孩子！”说完就不见了。

不知为什么，这把斧头砍起柴来可快了。不一会儿的工夫，程实就砍了一担柴，然后挑回了家。财主见他这么快就砍回了一担柴，很好奇，就问他原因，程实就把金斧头、银斧头的事一五一十地跟财主说了。财主听完，直骂程实是个笨蛋。

第二天，天刚蒙蒙亮，财主就乔装成一个打柴的，拿着一把生锈的铁斧头出门了。过桥时，他故意把斧头扔到河里，然后假装哭起来。

生动的语言和动作描写，把一个贪婪、虚伪的财主形象刻画得栩栩如生。

白胡子老人果然来了，财主赶紧放声大哭：“我的斧头掉河里了，回去可就没命了。你快救救我吧！”老人听了，跳下河去，把那把斧头捞了上来。

财主忙摇摇手，说：“不是这把。”老人听了又跳下河去，捞上来一把银斧头。财主立马把银斧头夺过来，说：“我的斧头是金斧头，你再下去帮我捞！”白胡子老人又捞了一把金斧头递给财主。

财主拿着金斧头和银斧头，心里美滋滋的，别提有多高兴了。他刚想往家跑，脚下不知怎么回事，踩了空，跌到河里淹死了。

故事读完了，你明白了怎样的道理？

（王伟乐　改写）

⑦ 灯花姑娘

电灯普及之前，油灯是家家户户照明的工具。可是你听说过灯花吗？关于灯花还有这样一个故事。

从前有个老爷爷，他非常擅长扎花灯，他扎的花灯惟妙惟肖、栩栩如生。扎个老鹰，就像要飞上天空；扎个鱼儿，就像在水里游；扎个野兽，就像要重返山林。所以，周围十里八乡的人都喜欢买他的花灯。

村里有个霸道的地主少爷也喜欢花灯，他想跟着老爷爷学这门手艺。老爷爷不愿意教他，这个少爷便赶走了老爷爷，抓来了他的孙子，还派手下的人抢走了他做的花灯，用来模仿制作。可是，那些人做出的花灯一点儿都不像。少爷

霸道的地主少爷这么欺负人，真替老爷爷担心呀！想象一下：谁会来救他？

不许老爷爷再回村里卖花灯了。

老爷爷只好住在村外的破草房里。一天晚上，老爷爷在昏暗的油灯前默默流泪。忽然，从灯芯里“啵”的一声蹦出一朵灯花，灯花越长越大，最后从中间蹦出一个小姑娘。小姑娘长着一双亮晶晶的眼睛，穿着红色的衣裳在老爷爷面前跳舞。小姑娘笑着对老爷爷说：“老爷爷，不要怕，小小灯花本领大，驱奸除恶耍花灯，再把孙儿带回家。”

这一段是故事的关键情节，讲故事的时候可不能落下这个情节。

灯花姑娘来到少爷家里，挥一挥衣袖，花灯上的动物全活了，又挥一挥衣袖，这些动物愤怒地扑向少爷和他的手下，把他们吓跑了。

灯花姑娘牵着小孙子的手，在一群花灯动物的陪伴下，把老爷爷接回了家。从此，老爷爷和小孙子过上了幸福安宁的生活。

故事的结局真令人欣喜。用自己的话讲一讲这个故事吧。

（徐静　改写）

8 神　笛

从前，有个少年家里很穷。父亲死后，留给他唯一的财产就是一头老牛。少年和这头牛相依为命。

一天，他放牛时，牛吃了一畦野荠菜。财主说那荠菜是他家种的，抡起棍子就朝牛身上打。老牛被打得东跑西跳。少年心疼地上前拦护，嘴里喊着：“别打了，别打我的牛了……”可是财主心肠狠毒，一直打到牛跌倒在地，口吐白沫才住手。看着奄奄一息的老牛，少年伤心地哭了。

这时，老牛忽然开口说话了：“小主人，如果能找到神笛，你就可以救我的命。”少年听完，就找人把老牛先搬进了家里，随后带着一把砍刀，出门去

少年心疼老牛，却无能为力。老牛突然开口说话了，故事发生了转折。

寻找神笛。

少年走累了，就在地上坐一会儿；肚子饿了，就摘几个野果子充饥；夜里困了，就在石头上睡觉。就这样，他走了九天九夜，可是什么也没找到。

有一天，天刚蒙蒙亮，山上传来笛声，少年听得真真切切。“那神笛一定就在这山上。”少年心里想着，立刻就往山上跑。这时，从树丛里跳出一只野兽，恶狠狠地扑向少年。少年连忙举起砍刀向野兽砍去，把它砍死了。

寻找“神笛”的过程并不顺利，但是少年很勇敢，敢于同野兽奋力搏斗。

少年向前走了一百步，又蹿出一只野兽，他举刀又把野兽砍死了。少年每向前走一百步，就会遇到一只野兽……一百步一只野兽，少年一连砍了九只野兽才上到山顶。在山顶上，他看见金灿灿的光圈下有一丛竹子。一阵风吹来，笛声阵阵。笛声从哪儿来的呢？少年在竹林中仔细寻找。找啊找啊，忽然少年发现一根竹子上有几眼笛孔，心想：这一定是神笛！

他砍下这根竹子，截取有笛眼的竹节，一吹，果真笛声悠扬。更神奇的是，那九只被他砍死的野兽也闻声而活，一起跪在了他的面前。一只野兽说：“勇敢的少年，来吧，我驮你回去救那头老牛！”少年高兴极了，跨上兽背，只见野兽腾空而起，一眨眼工夫，他们就回到了村里。

少年进门一吹笛子，那头老牛果然站了起来，还亲切地舔着他的手。

第二天，少年牵着老牛去耕地。他不需要扶犁，只吹笛子，老牛就能拉犁耕地。老牛耕地很快，转眼间就能耕一大片地。老牛成了神牛，它日犁八百，夜耕一千。

从此，少年吹着这支笛子，带着神牛，天天帮助穷人，给他们耕地干活。穷人们的日子也渐渐地好了起来……

（王丽娟　改写）

这个故事中的少年不仅勇敢，还富有爱心。

组文阅读

本组故事以丰富的想象和神奇的情节表达了人们对真善美的追求。让我们走进这些有趣的故事，去汲取智慧，去启发创造力。

阅读本组文章，要抓住关键人物、主要事件等来理清文章脉络，并尝试借助已经掌握的方法复述故事，也可展开想象续编故事。

❶ 太阳脸

吕丽娜

从前的从前，有个小孩叫太阳脸。

和人类的小孩一样，太阳脸也长着胖乎乎的胳膊腿儿，不过他的脸却像极了太阳。

这没什么奇怪的，因为太阳脸原本就是太阳的孩子。

虽然出生在天空，太阳脸最爱的却是大地，他时常光着一对大脚丫，在大地上跑来跑去地玩耍。他的大脚丫踩过的每一寸土地，都会有嫩芽冒出来，他抚摸过的枯树会长出新叶，就连他亲吻过的石头，也会害羞地开出星星一样的花朵。

太阳脸是个好心肠的小孩。

那时候大地上要比现在寒冷得多，野兽们的脚丫经常被冻坏。太阳脸看见了，就会把那些冰冷的脚丫揣在胸口暖着，直到伤口神奇地愈合。

有时候天气实在太冷，野兽们冷得心里都结了冰。这实在太糟糕了，因为无论是谁，若是心里结了冰，就会失去所有的欢乐和希望。只有太阳脸能帮助他们，因为太阳脸总是能够用一个大大的、温暖的拥抱让他们心里的冰融化。

不过太阳脸不能离开天空太久，因为他还只是个小孩，需要不时回到太阳身边补充能量。

有一天，太阳脸正在大地上捏泥巴玩，蝙蝠妈妈带着小蝙蝠找来了。蝙蝠妈妈眉头紧锁，忧心忡忡，小蝙蝠却一身寒气，眼神也冷冰冰的。

原来小蝙蝠刚刚吞下了一大团乌云。

在蝙蝠们中间有一个古老的传说：如果一只小蝙蝠吞下一大团乌云，长大以后就会变成蝙蝠魔，称霸世界。虽然蝙蝠们都相信这古老的传说是真的，但几千年来还没有哪只小蝙蝠敢尝试着这么做呢。

“我不想让我的孩子将来成为一个大魔头，请你救救他吧。”蝙蝠妈妈一边哭泣着，一边紧紧抓着不停挣扎的小蝙蝠。

太阳脸擦干净手上的泥巴，上前抱住了小蝙蝠。

很快，小蝙蝠停止了挣扎，安静了下来。蝙蝠妈妈松了一口气。

可是要让那么一大团乌云消失不是件容易的事，那团乌云已经在小蝙蝠的身体里结成了大冰坨。

太阳脸抱着小蝙蝠在大地上一直站了三天三夜，才让那块大冰坨完全融化。等在一边的蝙蝠妈妈和大大小小的野兽们欢呼起来，因为太阳脸不仅救了小蝙蝠，还除掉了一个会给大地带来灾难的魔头。

只是太阳脸离开天空太久了，已经用完了所有的能量，再也不能回到天空里去了。

野兽们都哭了，太阳脸也哭了，因为他现在是个没有家的小孩了。

“别哭啊，亲爱的孩子，”太阳脸脚下的大地发出了深沉而温柔的声音，“既然不能再做天空的孩子，那就做我的孩子吧。”

就这样，太阳脸变成了大地的孩子。他的大脚丫变成根须，深深地扎进泥土。他的身体变成了挺拔的绿色枝干，不过他的脸还是老样子，像极了太阳。每天，他的脸都会随着太阳转动，他喜欢用这种方式，向他的太阳父亲致意。

他现在有了一个新名字，叫向日葵。

野兽们都很爱向日葵，精心照料着他，于是大地上很快长满了向日葵。

奇妙的是，自从向日葵开始生长，大地就一天天变得温暖了，这大概是因为太阳牵挂着他的孩子，所以向大地靠近了一些吧。

花草树木、鸟兽虫鱼们分享着这个更美好的世界，只有蝙蝠们因为太惭愧，不敢再见太阳，所以他们躲进了深深的山洞里，只有夜晚才出来活动。虽然别的动物们一次次告诉他们用不着这样，因为伟大的太阳会原谅一切，可他们还是没有勇气出来，所以直到今天，他们还在黑暗的山洞里生活着。

② 侦探与小偷

叶永烈

一个大侦探由于屡破疑案，名声大振。小偷和强盗一听到这位大侦探的名字，就吓得浑身发抖。

有一天，大侦探正在家里，忽然响起了门铃声。

门口站着一位陌生的留着长胡子的客人。大侦探很客气地把他请了进来，递了一支香烟给他。

客人说明了来意："侦探先生，我打心底里敬佩你。我也很想当一名侦探，不知道该从哪儿学起？"

大侦探微微一笑，不假思索地答道："先生，为了答复你的问题，请允许我打个比方。

"比如，你是一个小偷——

"你刚才按我的门铃，就在门铃上留下了你的指纹。根据指纹，就可以把你查出来。

"你走进客厅，在打蜡地板上留下了你的一行很清晰的脚印。根据脚印，我可以判断你是男性还是女性，我还可以根据脚印的长度推算出你的身高。

“你坐在我的沙发上，留下了你的气味。我可以让警犬闻一闻这气味，跟踪追击，把你抓住。

“你抽了我递给你的香烟，把烟蒂扔在烟灰缸里。在烟蒂上，就留有你的唾液，我可以从你的唾液中，查出你的血型。

“你刚才还用手捋了一下你的长胡子，我注意到，在你捋胡子的时候，有一根胡子掉了下来。照理，根据这根胡子，我也可以断定你的血型。不过，我还注意到，你的胡子是假的，是粘上去的……”

说到这里，大侦探一把抓住客人的胡子，用力一拉，把胡子全部拉了下来。

客人浑身哆嗦，黄豆般的冷汗从前额滚了下来。

原来，这位“客人”是个小偷。他化装成老头儿，来到大侦探家里，本来想摸大侦探的底，弄清大侦探破案的奥秘。谁知大侦探在门口一眼就看穿了这个假老头儿的真面目，正因为这样，当大侦探说“比如，你是一个小偷”，就把“客人”吓了一跳。当大侦探一一说明他的侦探技术时，把小偷吓得魂不附体，坐立不安，冷汗不由自主地冒了出来。小偷一边听，一边暗暗佩服，心想：我已在门铃上按了一下，在打蜡地板上也走了几步，还在沙发上坐过，又抽了香烟，捋了一下胡子……都给他留下了破案的线索！

小偷原形毕露，狼狈极了，低头哈腰向大侦探求饶。

大侦探倒很宽宏大量，并没有把他抓起来交给警察局。

大侦探拿起笔，唰唰地在纸上写了几个字，然后把字条装进信封，封好，交给小偷。

大侦探对小偷说："先生，我还是言归正传，你到我这儿来，是为了了解我的侦探经验。现在，我已经把自己毕生的侦探经验写在纸上。你回到家里拆开一看，就会明白。我的经验并不保密，因此，你可以把我写在字条上的话，交给你的同伙们看。"

小偷实在猜不透大侦探会在字条上写些什么。当他急急忙忙回到家里，马上拆开了信封，掏出了字条。

字条上写着什么呢？

写着这样十个字：

"若要人不知，除非己莫为！"

③ 鲁妹造伞

很早以前，巧匠鲁班听说西湖的景色很美，就带着他的妹妹从山东到杭州来游玩。

这一天，阳光明媚，鲁班兄妹俩来到西湖边。西湖湖水清澈见底，微风吹来，湖面泛起一圈圈的涟漪；湖堤上杨柳依依，桃花泛红。好一派醉人的美景！他们走走看看，流连忘返。突然，狂风乍起，天色骤变，湖中翻起白浪，转瞬间，大雨哗啦啦下起来了。他们赶紧躲在一棵大树底下避雨。虽然西湖美景诱人，但因为这场突如其来的大雨，兄妹俩再也没有心情去观赏了。鲁妹看着被淋得像落汤鸡一样的哥哥，笑着说："哥哥，你的手这样巧，碰到雨天便没有办法游湖了吗？我想和你比赛，每人造一样东西，让人们在雨天也能惬意地游览西湖，欣赏西湖的雨景。看谁造的东西好，如何？"

鲁班一听妹妹要同自己比赛，差点儿笑出声来。

他看着眼前这个天真的妹妹，漫不经心地说：“好吧！你说怎么比呢？三天？还是五天？”鲁妹说：“今天一夜工夫，到明天鸡叫为止。”鲁班听了哈哈大笑，说：“好，就一夜时间。”

两人立刻回家分头干了起来。

鲁班找来些木头，把它们刨得光亮。他先在西湖边立起四根木头做柱子，然后盖上顶，顶边还有四只翘起的角，再挂上四只“叮当叮当”响的铜铃，这就造好了一座四角的亭子。他站在亭子里东瞅瞅，西望望，心想：这下好了，这亭子四面通透，坐在里面就能够看到西湖的全景，即使下雨也不会担心被雨淋着了！

再看鲁妹屋里，一点儿动静都没有。鲁班心想：难不成妹妹有什么大动作？不行，哥哥决不能输给妹妹啊。于是他又急急忙忙在西湖边立起六根木头做柱子，盖上顶，顶边还有六只翘起的角，挂上六只“叮当叮当”响的铜铃，这就造好了一座六角的亭子。

鲁班再看看妹妹的房间里，还是没有一点儿动静。他想：趁着妹妹还没造好，我再造一个亭子吧。于是他又在西湖边上立起八根柱子，盖上顶，顶边还有八只翘起的角，挂上八只“叮当叮当”响的铜铃，这就造好了一座八角的亭子。

可妹妹还是一点儿动静都没有。鲁班又在西湖边造了第四座、第五座、第六座……一口气造了九座式样不同的亭子。

正当鲁班开始造第十座亭子的时候，妹妹偷偷地跑了出来。看到哥哥在西湖边已经造好了九座亭子，妹妹偷偷地学了一声鸡叫。

鲁班刚造好第十座亭子的三只角，一听鸡叫，以为天亮了，就停了下来。传说这就是西湖九曲桥上的那座三角亭。

过了一会儿，天边泛起一片红霞。“喔喔喔！”鸡真的啼鸣了，朝霞映着亭子，显得格外美丽。

鲁班得意扬扬地坐在亭子里，看着自己一夜工夫造的十座亭子，心想：我的十座亭子又美观又结实，而且造的速度快，妹妹输定啦！

忽然，他眼前仿佛飞来一只美丽的孔雀，定神一看，原来是妹妹从屋里走出来。她手里拿着一样东西，把那东西向上一撑，立刻变得像亭子顶一样。这东西顶下只有一根“柱子”，四周有三十二只翘起的角，每只角下面挂着金黄色的丝带，上面遮着一块彩色绸子，绣着凤凰牡丹图。

鲁班非常好奇，他连忙从妹妹手里拿过来，仔细一看，这东西是用竹子做的，真是又轻巧又美观。鲁班惊呆了，问："妹妹，你造的这是什么？"

妹妹笑着对鲁班说："哥哥，你一夜工夫造了十座亭子，我一夜工夫就造了这'半个亭子'，但这'半个亭子'可以抵得上你那千千万万座亭子。下雨的时候，你只能坐在亭子里面看西湖的景致。可我撑着这'半个亭子'，可以到处游走，到处玩耍。哥哥，你说，是谁更胜一筹呢？"

鲁班越看越喜欢，他竖起大拇指，连连称赞道："妹妹，你真是心灵手巧，比我想得周到多了！"

妹妹说："哥哥，你的手艺才高呢！你看，你一夜之间建造了十座样式不同的亭子，为西湖的景致增色不少，小妹只是受到你的启发而已。"

自打这件事后，鲁班对妹妹刮目相看。每当遇到难题时，他都愿意和妹妹商量。

鲁妹造的这"半个亭子"，因为在下雨的时候，一撑就能张开，为人们遮风挡雨，大家就叫它"雨散"。这样叫了一段时日后，大家又觉得"雨散"的"散"

不吉利，于是根据“半个亭子”的样子，造了一个“伞”字，人们看看很像，就都用起“伞”这个字来。据说，这就是西湖绸伞的来历。

（刘芳　改写）

阅读链接

鲁班，相传姓公输，名般，亦作班、盘，春秋末期鲁国工匠，被后世建筑工匠尊为祖师。鲁班出生在世代工匠的家庭，从小跟随家人参加过许多土木工程劳动。鲁班很注意对事物的观察、研究，他受自然现象的启发，发明了很多木作工具，如鲁班尺、锯子、刨子等。

阅读实践

活动一

读一读这组有趣的故事，理清故事的起因、经过、结果，填写下表，并选择一个你喜欢的故事讲给别人听。

文章题目	主人公	起因	经过	结果
《太阳脸》				
《侦探与小偷》				
《鲁妹造伞》				

活动二

这组故事中的主人公身上都发生了一些有趣的事，相信一定给你留下了深刻的印象，试着和小伙伴说一说他们有趣在哪里。

主人公一：____________

主人公二：____________

主人公三：____________

从你读过的这些故事中选择一个人物，想象一下，如果你和他一起生活一天，会发生什么故事呢？把这个故事写下来，讲给同学们听。

我和______的一天

自由阅读

① 火烧裳尾

《籍川笑林》

这个故事真有趣，用自己的话复述下来，还可以和同学分角色把这个故事表演出来。

有人性宽缓[①]，冬日共人围炉，见人裳尾为火所烧，乃曰："有一事，见之已久，欲[②]言之，恐君性急，不言，恐君伤太多，然则言之是耶？不言之是耶？"人问何事。曰："火烧君裳。"遂收衣火灭，大怒曰："见之久，何不早道？"其人曰："我言君性急，果是。"

注 释

① 性宽缓：性子慢。

② 欲：想要。

有一个慢性子的人，冬天与别人围炉向火，见别人衣服的下边被火烧着了，便慢吞吞地对那人说：“有一件事，我早就发现了，想对您说，又怕您性子太急，不对您说，又怕您损失太多，那么到底是说好呢还是不说好呢？”那人问到底是什么事。他回答说：“火烧着您的衣服边了。”那人于是赶快把火灭了，生气地说：“既然你发现很久了，为什么不早告诉我？”慢性子的人说：“我说您性子太急吧，果不其然！”

日积月累

慢条斯理	不疾不徐	姗姗来迟
不紧不慢	鹅行鸭步	不急不躁
风风火火	心浮气躁	心急如焚

② 金头发

王　萍

很久很久以前，有个皇帝为了能世世代代做皇帝，就派人去为他寻找太阳婆婆的三根金头发，因为他听说只要拥有太阳婆婆的三根金头发，就能够长生不老。

可是，太阳婆婆的脾气很坏，去寻找的人没有一个能活着回来。皇帝又急又气，指着身边的一个小娃子说：“你，去把金头发给我找回来，不然我就杀了你！”

真替小娃子担心！他能拿来太阳婆婆的金头发吗？

小娃子没有办法，只好带上干粮出发了。走着走着，一条大河挡住了去路，小娃子对着又宽又急的大河犯了愁。这时，一个摆渡人朝他喊：“年轻人，你要去哪里呀？”小娃子回答说：“我要去寻找太阳婆婆的金头发！”“那你上船来吧，我渡你过去。”

小娃子高兴地上了船，摆渡人一边划船一边说：“太阳婆婆每天都在天上走，世间的事情没有她不知道的。请你帮我问一问，我在这里摆渡二十年了，什么时候才有人来接替我呢？”小娃子说：“好的，只要我能活着回来，一定会帮你问的。”

小娃子到了河对岸，又继续向前赶路。走着走着，他碰到了一棵高大的八宝树，树上的叶子泛着黄，全都无精打采地耷拉着。树底下的守树人看到他，问：“年轻人，你要去哪里？”小娃子回答说：“我要去寻找太阳婆婆的金头发！”

“太阳婆婆每天都在天上看，世间的事情没有她不知道的。请你帮我问一问，我的八宝树为什么二十年都摇不出宝来呢？”听说小娃子要去找太阳婆婆，守树人连忙请求道。小娃子说：“好啊，如果我能活着回来，一定会帮你问的。”

小娃子告别了守树人，又继续上路了。他走着走着，来到了一口水井旁。看井人看到他，问：“年轻人，你要去哪里？”小娃子回答说：“我要去寻找太阳婆婆的金头发！”

看井人听了，高兴地说：“太阳婆婆每天都在天上转，世间的事情没有她不知道的。请你帮我问一问，我的这口活命泉为什么二十年都不出水呢？”小娃子说：“好啊，要是我能活着回来，一定会帮你问的。”

小娃子走了一天又一天，走了一月又一月，终于在一片郁郁葱葱的森林里看到一座金灿灿的大房子，里面有个正在干活的小女孩。小女孩看到他，吃惊地问：“你怎么到这儿来了？你不知道这儿有多危险吗？”

小娃子终于看到了金灿灿的大房子，接下来又会发生什么惊险的事呢？

小娃子把他寻找金头发和一路上碰到的事情讲了一遍，小女孩说：“你也是个可怜人，就让我来帮助你吧，不过你得先藏起来。”小女孩说完，就把他藏进了一个大水缸里，并叮嘱他千万千万不要出声。

等到傍晚，太阳婆婆回来了，她一进门就大声吆喝：“快！把好吃的好喝的都给我拿上来！”

不一会儿，小女孩就端来了一桌子香喷喷的美食和美酒。太阳婆婆见了，立刻大口大口地吃起来，吃完后又端起酒壶咕咚咕咚喝了个底朝天，然后就呼呼大睡起来。

小女孩拿起梳子，走过来说：“婆婆，你累了一天，让我给你梳梳头吧！”说完，小女孩就拿起梳子梳了起来。梳着梳着，只听一声闷响，一根金头发被扯了下来。疼醒了的太阳婆婆非常恼怒，伸手就要打小女孩。小女孩赶紧说：“婆婆，婆婆，我不是故意的，我正在思考一个问题，一个摆渡人划了二十年的船了，为什么还没有人来接替他呢？”

故事的发展真是牵动着我们的心啊！幸亏小女孩反应快，不仅平息了太阳婆婆的怒火，问出了答案，还巧妙地拿到了一根金头发。

太阳婆婆生气地说：“只要把桨丢到坐船人的手中，坐船人就会接替他的。”

“哦，原来是这样啊，还是婆婆聪明！”小女孩一边夸赞一边继续梳头发。梳着梳着，一声闷响，她又拽下一根金头发。眼看太阳婆婆就要发脾气，小女孩赶紧说：“婆婆，婆婆，你不要生气，我在思考另一个问题，一棵八宝树二十年都摇不出宝来，这是怎么回事呢？”

太阳婆婆没好气地说：“有个老鼠在啃树根，把它赶走就是了。”

“是这样啊，太阳婆婆最聪明了！”小女孩说完，又梳起头发来。眼看太阳婆婆又要睡着了，小女孩轻轻拔下了第三根头发，说：“婆婆，婆婆，我还有一个问题，一口流淌活命泉的水井，为什么二十年都不出水呢？”

“那是因为一只青蛙堵住了泉眼，赶跑它就是了。”太阳婆婆说完，就呼噜呼噜地睡着了。

小女孩打开水缸，把三根金头发递给小娃子，小娃子说：“太阳婆婆知道后，不会放过你的，你跟我一起走吧！”说完，拉起小女孩就往外跑。太阳婆婆听到动静，立刻追了出去。

他们跑呀跑呀，跑到活命泉的水井旁，小娃子对看井人喊：“是青蛙！青蛙堵住了泉眼！”

说完，他们接着跑了起来，跑着跑着，跑到了八宝树前，小娃子对守树人喊：“是老鼠！老鼠在啃树根！”

说完，他们又继续跑了起来，跑着跑着，跑到了摆渡人的船上，小娃子上气不接下气地说：“把桨……丢到……坐船人的手中，坐船人……就会……接替你的。”摆渡人听了，飞快地把船划到了对岸。

如果用一个词来形容小娃子和小姑娘跑得很快，你想到的是哪一个词呢？

他们上岸以后，马不停蹄地跑回皇宫，把三根金头发交给皇帝，可皇帝硬说这是假的，抽剑刺死了小娃子。这时，太阳婆婆也赶到了，她看到小娃子已死，又没有找到小女孩，只好对皇帝说："你跟我回去，做我的使唤娃子。"

太阳婆婆抓着皇帝来到摆渡人的船上，可她实在太累了，一上船就睡着了。摆渡人把桨塞到皇帝的手里，跳下船离开了。等到太阳婆婆醒来，发现皇帝的屁股已经粘在船板上，再也下不来了。太阳婆婆没办法，只好自己回去了。

看井人来到皇宫，把活命泉水倒进小娃子嘴里，小娃子慢慢活过来了。守树人带着从八宝树上摇下来的宝贝，送给小娃子和寨子里的穷人们。摆渡人带来了有关皇帝的消息，人们听了，高兴地说："太好了！皇帝没有了，我们自由啦！"

妙趣横生的故事，意想不到的结局。你能用学过的方法复述这个故事吗？

③ 尧的传说

绯帘夜

尧是历史上出名的部落联盟首领。

尧为什么是出名的首领呢？他做了什么事？请同学们继续读故事。

他为人十分节俭朴素，住的是破茅草和糙木头盖的房子，穿的是粗麻衣服，吃的是糙米饭和野菜汤。人们听说他过的是这样一种艰苦的生活，都不禁感叹道："恐怕连一个小小的守门官过的生活也比尧好吧！"

尧还十分顾念部落里的人，要是有一个人饿肚子没饭吃，他就会说："是我这个首领没当好，才让他饿肚子。"要是有一个人身上冷没衣服穿，他就会说："是我这个首领没当好，才让他没衣服穿。"要是有人犯了罪，他也会说："是我这个首领没当好，才让他做了

你觉得尧把所有的责任都归到自己的身上，这样做是否合理？

错事。”不管发生了什么，尧都会把责任归到自己的身上。所以，人们对他十分敬爱，没有一个人说他不好的。

因此，他的宫殿，也就是那几间茅草房里，某一天突然呈现出十种吉兆，像是凤凰飞进了天井、喂马的草料变成了稻谷等等。碗橱里还长出了一种神奇的草，叶子像是一把把扇子，晃动起来会有习习凉风，不仅可以驱赶苍蝇和蚊子，还能使存放在碗橱里的食物保持凉爽，不至于很快腐臭。这对节约的尧来说当然是很有帮助的。

尧的年纪渐渐大了，他的儿子丹朱却性情暴戾，一旦不顺心就大发脾气。他制造了一副围棋给丹朱，希望能够潜移默化地改造他的性格。丹朱一开始还觉得新鲜，玩了一段时间便厌倦了，依旧跟自己的朋友们去吃喝玩乐。尧虽然爱自己的儿子，却也知道不能传位给丹朱，于是常常打听有才能的贤人。

最后，尧决定把首领的位置禅让给舜，又担心儿子丹朱不服，便事先把他放逐到南方的丹水。南方有个叫“三苗”的部落，跟丹朱的关系很好，对尧禅位的事十分反对，于是跟丹朱勾结起来，企图进攻中原，夺取王位。尧早预料到会有这么一天，于是调兵遣将，亲自奔赴南方去平定战事。丹朱跟三苗的首领都没料到尧的军队会来得这么快，被打得一败涂地，自己也战死了。

丹朱死后，魂灵化为一种像猫头鹰的鸟，长有一双人手，每天都“朱，朱……”地鸣叫着。

故事读完了，你知道为什么尧是出名的首领了吗？快和小伙伴交流交流吧！

阅读链接

禅让制是我国古代的一种部落联盟首领推举制度，距今已有4000年左右。部落联盟首领一般不能世袭，其继承者要经过各氏族部落的联合推举产生。尧、舜、禹就是通过推举产生出来的杰出领袖人物。禹死后，他的儿子启继位，确立了王位世袭制度，至此禅让制终结。

4 长发妹

很久以前，一个小村庄里住着一位美丽的姑娘。她的头发很长很长，久而久之，人们忘记了她的本名，都习惯叫她长发妹。

有一年，一连好几个月都没有下雨，村庄遭遇了严重的干旱。平日绿油油的田地，都旱得裂开了一道道大口子。村里的人们没有办法，只能每天去距离村子好几里地的小河中去挑水，来来回回，十分辛苦。

田地旱得裂了口子，人们去几里外的小河挑水，看来这里真是干旱极了。

一天，长发妹去山上割猪草。她爬呀爬呀，不知不觉就爬到了山顶。割完了猪草，她刚要下山，忽然远远看见一个悬崖的石缝里长着一棵嫩绿嫩绿的萝卜。长发妹又惊又喜，想把它拔出来带回去给生病的母亲吃。她探出身子，抓住萝卜缨，用力往外拔。但试了好几次，都没有把它拔出来。

长发妹十分奇怪，便紧握住萝卜缨，用尽全力，才把它拔了出来。萝卜拔出来的地方，留下了一个圆圆的洞眼。这时候，奇异的事情发生了：清澈透亮的泉水，汩(gǔ)汩地从那洞眼里冒了出来。长发妹忙把嘴凑到洞边，喝了起来。泉水清甜甘洌(liè)，简直像天上的琼浆玉液一般。长发妹高兴极了，她心想：有了这眼泉水，乡亲们就不用再去那么远的地方打水了！她真想立刻跑下山去，告诉乡亲们这个好消息。

可就在这时，“嗖”的一声，长发妹拔出来的萝卜突然从她的手上飞回到原来那个洞眼里，堵住了泉眼。接着，一阵大风把长发妹吹了起来，等她再睁开眼睛的时候，发现自己已经到了一个山洞里。山洞里坐着一个巨人，长得十分可怕，他对长发妹说：“我是这里的山神，泉水是我的，你要是敢把这个消息告诉别人，我就要了你的命。”说完，他又刮起一阵大风，把长发妹吹到了山脚下。

长发妹十分害怕，她只得把这个消息隐瞒起来。日子一天天过去，天上仍旧没有下雨，干旱越来越严重。老百姓每天往返挑水，苦不堪言，小河里的水也越来越少。长发妹看在眼里，心里非常难受。她多想把山上有泉水的事情告诉大家呀，可一想起山神对她的警告，她又把话咽了回去。长发妹愁啊愁，渐渐地，她乌黑的长发变得雪白雪白的。“好奇怪啊！年纪轻轻一头长发就白了。”村里人看到长发妹，感到惊讶又惋惜。

长发妹担心乡亲们没水喝，却不能救他们于水火之中，她心急如焚啊！

一天，长发妹去河里挑水，回来的时候，看到一位老大爷颤颤巍巍地挑着一担水，走着走着，不小心被一块石头绊倒了。老大爷的头磕在地上，鲜血直流。长发妹连忙跑过去扶起他，老人顾不得自己的伤，只是一个劲儿地念叨着：“水……水啊……”长发妹顺着老人的手指看过去，原来他刚刚挑的两桶水已全部洒了出来。长发妹心里一阵酸楚，再也忍不住了，她脱口而出：“老爷爷，悬崖边的石缝里有一棵萝卜，只要拔掉它，泉水就能流出来！”

长发妹跑回村子里，一边跑，一边大声喊：“乡亲们，山上有泉水，快跟我来！”村里人知道长发妹从不说谎，他们相信她，都跟在她的身后向山上跑去。

到了山顶，长发妹一把拔下萝卜，扔在地上，让大家把它赶紧砍碎，防止它再飞回去。清泉马上流了出来，大家欣喜若狂，长发妹又让大家把泉眼凿开，凿得像小水井一般大，这样山神就堵不上了。泉水哗哗地向山下流去，乡亲们高兴得一边喊一边追着它跑去。长发妹还留在山顶上。一阵狂风刮来，她又被带到了山神住的山洞里。山神生气地朝她大喊：“你居然敢告诉别人，我要狠狠地惩罚你！”

长发妹这时反倒不害怕了，她说：“为了乡亲们，我不怕失去性命！”山神一听，说道：“我要让你待在悬崖底下，让泉水每天都从你的身上冲过！让你永远受折磨！”长发妹说：“随你怎么处罚我，但是请你让我再回家一趟，见我母亲最后一面。”山神同意了，他说：“好吧，如果你敢不回来，我就让全村人陪你一起受惩罚！”

此时的长发妹英勇无畏，她的内心变得无比强大。

长发妹回到家，跪在卧病在床的母亲跟前，拼命忍住眼泪说：“妈妈，我要到邻村的小伙伴家玩几天。我已经请邻居大妈照顾您了，我不在的时候，您要好好照顾自己。”长发妹的母亲点了点头，笑着答应了。

一切都安排好了以后，长发妹拖着一头长长的白发，毅然决然地向山洞走去。走到一棵经常玩耍的大榕树下时，她再也忍不住了，抱住大榕树，呜呜地痛哭起来。不知哭了多长时间，长发妹抬起头时，发现面前站着一位身穿绿衣服的老人。

长发妹为了乡亲们宁愿舍弃自己的生命，这种舍己救人的精神非常伟大。

老人问：“孩子，你怎么哭得这么伤心啊？出了什么事？”长发妹就对老人诉说了事情的经过。老人听了，笑着说：“孩子，别担心，我有办法。我凿了一个石头人，让它替你躺在悬崖下面。你现在只要把你的头发剪下来，缠在它的头上，山神就认不出真假来啦。”

长发妹绕到大榕树后面一看，果然有一个石头人，模样和自己很像。长发妹就将自己的头发一缕缕剪下来，缠在了石头人的头上。老人扛起石头人，把它放在了悬崖下，泉水哗哗地从山顶飞下，冲到石头人的身上，就好像是长发妹自己站在那里一样。

长发妹靠在大榕树上，她忽然觉得头上有些痒，伸手一摸，哎呀，原来她重新长出了一头乌黑油亮的长发！树干里传来老人的声音：“长发妹，山神不会再故事的结局让人欣喜，我要把这个故事讲给别人听。

找你了，快回家去吧！”长发妹向榕树老人道了谢，高高兴兴地回家去了。

（徐静　改写）

阅读链接

童话故事写的是人们想象中的世界，那是一个更纯真、更美好、更有趣的世界。喜欢阅读童话的孩子是乐观的，他们总是相信风雨过后有彩虹，正义会战胜邪恶。亲爱的同学，愿你无论多大，都读一读童话，心中永远保留对世界的美好憧憬，永远乐观地对待未来的生活。

中国精神

中国精神是中华民族的灵魂，它植根于中华民族的发展历程中，彰显出强烈的民族凝聚力与时代感召力，鼓舞着一代又一代的中华儿女奋发向上，积极进取。

阅读本组文章，感受中国精神，从我做起，从现在做起，做奋发向上、积极进取的新时代的建设者和接班人！

①画家乡

李少白

你是古长城下小苗一棵，
我是五指山上花儿一朵。
你生在扬子江畔的渔村，
我长在苗岭山寨的角落……
大家相隔着山山水水，
没能见面把心里话诉说。
我们就用孩子的办法沟通，
用美的方式把心中的爱交流。

走，背起画板，
走向翠绿的大山；
走，拿起彩笔，
走向唱歌的小河。
去描绘家乡的神采，
去采录家乡的欢乐。

画吧，画吧，
画下爬满青藤的吊脚楼
和摇床边飘出的儿歌；
画下弯弯河上的青石桥
和水中倒映着的背篓；
画下芳草萋(qī)萋的小山坡
和那热烈开放的花朵；
画下松树林中的坟茔(yíng)，
那是先辈开垦这片热土的记录……

让小鸟把我的画送给你，
请彩云将你的画捎给我，
让心儿在画中相见，
让美和爱在笔下汇合。
尽管我的家乡很小、很小，
地图上找不到她的名字，
但是，你的家乡、我的家乡、
他的家乡，合在一起，
就是可爱的中华，
就是亲爱的祖国！

② 把国旗升起来

金 本

升起来，
升起来，
迎着东方第一缕朝霞，
我们把国旗升起来。
用我们的手升起来，
用我们的心升起来。

请国旗
倾听我们的心声吧：
在少先队员的心里，
藏着对祖国深深的爱，
爱五千年的古老文化，
爱新中国崭新的纪元，
爱今天举世瞩目的成就，
爱明天无比灿烂的前程。
看，

我们凝望着您的目光啊，
那是一片爱的海洋。

请国旗
检阅我们的队伍吧：
我们用实际行动，
回报祖国母亲，
用高尚的情操，
用优异的成绩，
用健壮的体魄，
用美好的心灵。
看，
我们庄严的队礼啊，
那是一篇闪光的誓言。

升起来，
升起来，
迎着东方第一缕朝霞，
我们把国旗升起来。
升起对祖国深深的爱，
升起对祖国坚定的誓言！

3 美丽的足迹[①]

——鲁迅先生在厦门

陈慧瑛

长衫布鞋

一九二六年秋天，正是鹭岛秀菊临风、丹桂飘香、凤凰花盛开的季节。

一艘来自黄浦滩头的客轮，缓缓、缓缓地驶进厦门港。

飒(sà)飒西风里，鲁迅先生健步登上码头。他，一袭长衫，一双布鞋。前来码头迎接他的厦大同行，都感到惊讶——

作为一位名作家、名教授，曾经在东洋留过学，如今又来自大都市京华、上海的鲁迅，竟然如此朴素！

鲁迅先生跻(jī)身于一群西装革履、派头十足的“洋”教授之间，面对人们惊讶的目光，只是淡淡一笑。

二十世纪二十年代的厦门，还没有马路，连黄包车也没有，从厦门大学到市区，必须翻过蜂巢山。山路

---

① 选入本书时略有删改。

崎岖难行，厦门大学的学者、教授出门，总是坐轿子。鲁迅先生偶尔上街入市，却总是步行，有时渡海到鼓浪屿去，乘坐的也是小舢(shān)板。

十月，一个上午，鲁迅先生来到厦门大学西厨房，他自我介绍：“我是周树人（鲁迅先生原名）。”

炊事员们早就知道“周先生”是一位很有名望的大教授，可眼前的“周教授”，却穿一件藏青色的长衫，一双黑布鞋，朴朴素素，随随便便，大家顿时感到分外亲切。

鲁迅先生很和气地和厨师闲聊着。

每日三餐都由炊事员陈传宗送到宿舍。鲁迅爱吃鱼，特别是油炸咖喱鱼。厨师们便变着花样给鲁迅先生做鱼吃。

鲁迅先生言谈风趣，喜欢和工友们开开玩笑。他听说陈传宗会拳术，便笑着说：

“你有拳脚，我来这里用饭，还可以得到你的保护啰！”

他为人随和，工友们都特别喜欢他。

鲁迅先生的卧室，在厦门大学集美楼的二楼上。房内，除了一张床、一条蓝地白花的粗布被子，就是书桌、藤椅、水缸和火油炉等，家具十分简单。陈传宗每次送饭去，总看见他伏在书桌上看书、写字。

鲁迅离开厦门时，依然是一袭长衫、一双布鞋。陈传宗到船上为他送行，他倚在轮船的栏杆上，从笔记本上撕下一页纸，写着："浙江绍兴府人。"然后交给他说："有机会去绍兴，问我的名字，大家都知道。"

后来，陈传宗向人们谈起鲁迅先生时，总是赞不绝口："说实话，我从来没有见过像他这样生活俭朴的大教授！"

《叶永烈讲述科学家故事100个》

叶永烈

推荐语

有这样一本有趣的故事书，用生动的语言讲述了100多个关于科学家的故事，从不同侧面反映了他们的思想、工作和生活，就好像用传奇的照相机拍下了他们一生中最精彩的瞬间……

妙手神医——华佗，“活鲁班”——喻皓，“蒸汽大王”——瓦特，“昆虫迷”——法布尔，“炸不死的人”——诺贝尔，“飞机兄弟”——莱特兄弟……他们都在这本书中演绎了多姿多彩的趣味故事。

亲爱的同学们，走进书里去吧！去品味一个个扣人心弦的有趣故事，去感受每一位科学家的百味人生，去接受一次次精神的洗礼……让我们一起去阅读、去收获吧！

内容梗概

《叶永烈讲述科学家故事100个》中的主人公是人类科学发展史上的100多位重要人物。他们几乎都有一个共同的特点，即有专业精神、持久毅力。

这些故事告诉你，科学家是多么勤奋，惜时如金；

这些故事告诉你，科学家是多么勇敢，知难而进；

这些故事告诉你，科学家是多么谦逊，永不自满；

这些故事告诉你，科学家是多么好学，孜孜不倦；

这些故事告诉你，科学家是多么坚定，捍卫真理！

读完这本书，你一定会被这些科学家们热爱科学、献身科学的精神所感动，并从中得到许多宝贵的教益。

作者简介

叶永烈（1940—2020），男，浙江温州人，毕业于北京大学化学系，著名小说家、历史学家、报告文学作家。

早年从事科普科幻创作，笔名萧勇、久远等。以长篇小说及纪实文学为主要创作内容。作品《真理诞生于一百个问号之后》被选入部编版小学语文教材。曾任中国科学技术协会委员、中国科普创作协会常务理事、世界科幻小说协会理事。

精彩片段

“我站在巨人肩上”

这真是一位十足糊涂的主人：

他请客，请来了一位好久没见面的老朋友。

他请客，热情地端出一盆烧鸡请老朋友吃。

他忽然想起来，应该请老朋友喝杯酒。

“我去拿瓶酒，马上就来。”主人对客人打了招呼，就出去了。

客人左等右等，还没见主人的影子。

幸亏客人是老朋友，一点儿也不客气，不等主人回来，就动手吃起烧鸡来了。一直到吃完烧鸡，主人还是没回来，客人就自管自走了。

过了好久，主人总算回来了。他一看，盘子里只剩下几根鸡骨头，便自言自语：“哈，我以为我没有吃饭，其实已经吃过了！”

这么一个糊里糊涂的主人是谁呢？

也许你会不相信，他就是英国著名物理学家牛顿。

牛顿出去拿瓶酒，干吗要那么久呢？

原来，他一出去，忽然想起一种新的实验方法，就连忙到实验室里做了起来。

一做就做了一下午。等他做完了实验回到客厅，早已人走盘空，他却把出去拿酒的事儿全忘了。

牛顿确实是这样一个奇妙的人：健忘和专心，马虎和精细，他兼备。

他对生活的琐事，常常忘记、马虎。他的衣服随随便便，从来也不知道什么叫“时髦”。他的袜子常常拖到脚后跟，他也置之不理。有一次，他牵着马上山，一边走，一边考虑着科学研究中的问题。到了山顶，他想起来要骑马了，一看，不知什么时候松了手，马早就不知跑到哪里去了。

牛顿小时候体质很差，常常生病，亲戚们都担心他不会长大成人。可是由于他后来很注意锻炼身体，体质渐渐转强，一直活到 84 岁。

牛顿小时候只喜欢数学，其他功课成绩并不好，老师都以为牛顿是个低能儿。后来，由于牛顿非常勤奋，学习成绩不断进步，成为全班的尖子。18 岁时，牛顿考入英国著名的剑桥大学。26 岁时，牛顿成为教授。

牛顿很少在凌晨两三点前休息，常常通宵达旦地工作。

牛顿是科学的巨人之一。恩格斯在《英国状况》一文中论述 18 世纪的科学成就时曾这样评价牛顿：

“牛顿由于发现了万有引力定律而创立了科学的天文学，由于进行了光的分解而创立了科学的光学，由于创立了二项式定理和无限理论而创立了科学的数学，由于认识了力的本性而创立了科学的力学。”（《马克思恩格斯全集》第一卷）

然而牛顿却非常谦逊。他有两段质朴、感人的话，已成为科学界的名言：

“不知世人对我怎样看，不过我自己只是觉得好像在海滨玩耍的一个小孩子，有时很高兴地拾着一颗光滑美丽的石子，但真理的大海，我还是没有发现。”

“如果说我所见的比笛卡儿（法国哲学家、物理学家）要远一点，那就是因为我是站在巨人的肩上。”

自学成才的数学家

华罗庚是一位在国内外享有盛誉的数学家。外国报刊这样评价他：华罗庚教授的研究著作范围之广，足以使他成为世界上名列前茅的数学家之一。

华罗庚教授是在1950年3月16日从美国回国的。回国不久，在填写户口簿时，华罗庚在“文化程度”一栏里写了“初中毕业”四个字，曾使许多人感到震惊——一位教授，怎么只是个初中毕业生呢？

原来，华罗庚是一位自学成才的数学家！

1910年，华罗庚出生在江苏省常州市附近的一个小县城——金坛。他父亲开小杂货店，家境贫寒。华罗庚初中毕业后，由于交不起学费，失学了，只得在小杂货店里帮助父亲料理店务。

华罗庚酷爱数学。在他的柜台上，常常一边放着账册、算盘，一边却放着数学书籍。他请教不会说话的老师——书本，坚持自学。华罗庚差不多每天花10个小时钻研数学。有时，睡到半夜，他忽然想到一个解决数学难题的方法，便立即点亮小油灯，把它写下来。

他父亲看不懂那些数学书，以为儿子是在看“天书”，对他说道：“人生在世，最要紧的问题是吃饭。你应该殷勤招呼顾客，多做些买卖，不要死钻书本。”后来，父亲看到儿子那么勤奋地学习，被感动了，不再阻止他看“天书”了。

19 岁时，华罗庚到一个学校当会计兼庶(shù)务。他曾回忆当时艰难的生活：“除了学校里繁重的事务外，早晚还要帮助母亲料理小店的事务。每天晚上大约 8 点钟才能回家。清理好小店的账目之后，才能钻研数学，常常到深夜。”

就在 19 岁时，华罗庚发现一位大学教授的论文写错了，便写了《苏家驹之代数的五次方程式解法不能成立之理由》一文，于次年发表于上海《科学》杂志第 15 卷第 2 期。

谁知这时金坛流行伤寒，华罗庚不幸染病，卧床半年，险些丧生。病愈后，留下严重后遗症——左腿大腿骨弯曲变形，从此落下个跛(bǒ)足的终身残疾。

华罗庚在贫病交加中刻苦自学，又发表了几篇数学论文，引起清华大学数学系主任熊庆来教授的注意。他打听到华罗庚原来是个失学青年，深为震惊，便写信邀华罗庚来京。就这样，在熊庆来教授的帮助下，华罗庚到清华大学数学系当上了管理员。他自学了英语、德语。24 岁时，他已能用英文写作数学论文。25 岁时，他的论文已引起国外数学家的注意。28 岁时，他当上了西南联大教授。

尽管华罗庚成了教授，但他只不过是个穷教授罢了。那时候的教授，真是“越教越瘦”，贫穷潦倒。华罗庚曾说过一个笑话：“一个小偷跟在一位教授后面，想偷东西。教授发觉了，就对小偷说，我是教授。小偷一听，就走开了，因为小偷知道教授身上是没什么油水的！”那时候，华罗庚就是这么个“穷教授”。他住在昆明城外 20 里的一个小村庄里，全家只有两间小厢楼。楼下，是猪栏、牛厩(jiù)，蚊子、苍蝇、老鼠成群结队向华罗庚袭来。华罗庚回忆道：“晚上，一灯如豆。所谓灯，乃是一个破香烟罐，放上一个油盏，摘些破棉花做灯芯。为了节省菜油，芯子捻得小小的。晚上牛擦痒，擦得地动山摇，危楼欲倒！”就在这样艰难的环境中，华罗庚写出了 60 万字的名著《堆垒素数论》。这本书在国内无法出版，后来在苏联用俄文出版了。

华罗庚也当过“阔教授”。那是他应美国伊利诺伊大学之聘，到那里当教授的。当时，伊利诺伊大学以1万美元年薪与华罗庚订立终身聘约。华罗庚一下子阔起来了：他的住房有四间卧室、两间浴室，还有一间可容纳五六十人开酒会的客厅。美国给华罗庚配备四个助手、一个打字员。

新中国成立后，华罗庚毅然放弃了在美国的“阔教授”生活，决定回国。他说：“为了抉择真理，我应当回去！为了国家民族，我应当回去！为了为人民服务，我应当回去！”

就这样，华罗庚带着妻儿回到了北京。当时的《光明日报》记者，曾报道过华罗庚刚回国时的生活：“我去清华大学宿舍里看见他的时候，在一间拥挤着五张床和箱子杂物的小房间里，他一家正在唯一的一张狭长的小桌上吃午饭……”这样的生活，远比在美国的“阔教授”生活艰苦得多。然而，华罗庚以苦为乐，忙着在那里写讲义、开课。

华罗庚年近古稀，头发花白，仍孜孜不倦地钻研数学。1979年，他访问法国时，南锡大学授予他荣誉博士学位。也就在这一年，他光荣地加入了中国共产党。

华罗庚是自学成才的榜样。他曾把自己的自学经验归结为七点：

1. 自学最起码的一条是踏实。

2. 自学要有周密的计划。

3. 在自学过程中要多想多练。

4. 要以长期性、艰苦性来克服自学中的困难。

5. 自学要善于抓住要点，突破重点，由点及面，融会贯通。

6. 要有不耻下问的精神。

7. 自学要注意同自己的工作结合起来。

华罗庚曾用这样的诗句，总结自己的治学经验：

发白才知智叟呆，

埋头苦干是第一。

勤能补拙是良训，

一分辛苦一分才。

华罗庚对青少年一代寄托了莫大的希望，他曾写道：

发愤早为好，

苟晚休嫌迟。

最忌不努力，

一生都无知。

（选自《叶永烈讲述科学家故事100个》，长江文艺出版社）

阅读的时候可以先理清故事情节，弄懂故事的主要内容，然后再结合具体描写品析人物的形象。读完以后，可以用自己的话来复述一下故事内容，并谈一谈你最感兴趣的地方。

读有所悟是一种重要的读书方法，每读完一个故事，可以想想自己读书的收获或感悟。勤于思考也是提高阅读能力的一种重要的方法，边读边思考：作者是如何来描写这些科学家的，从中表现了科学家们怎样的品质，你受到了哪些启发?

活动一　制订阅读计划

制订读书计划是很好的阅读方法，每天阅读后要给自己及时评价：每天坚持阅读，得一颗星；在书上做批注，得两颗星；如果能把故事讲给小伙伴听，就可以得三颗星。

时间	故事名称（或起始页码）	阅读评价
第 1 天		☆ ☆ ☆
第 2 天		☆ ☆ ☆
第 3 天		☆ ☆ ☆
第 4 天		☆ ☆ ☆
第 5 天		☆ ☆ ☆
第 6 天		☆ ☆ ☆
第 7 天		☆ ☆ ☆
第 8 天		☆ ☆ ☆
第 9 天		☆ ☆ ☆
第 10 天		☆ ☆ ☆
第 11 天		☆ ☆ ☆
第 12 天		☆ ☆ ☆
第 13 天		☆ ☆ ☆
第 14 天		☆ ☆ ☆
第 15 天		☆ ☆ ☆

活动二　制作读书交流卡

和同学进行读后交流，不仅能加深印象、强化记忆，还能从交流中获取新的知识，请将你的读书所得填写在下面的“读书交流卡”中。

读书交流卡

我最喜欢的一个故事是：

我最喜欢的科学家是：

他（她）的突出特点是：

我读这本书的收获是：

活动三　那些人，那些事——有趣的故事

在这本书中，描写了很多令人印象深刻的科学家，你还记得哪些？请将他们填写在下方的“时光胶片”中，并尝试讲述发生在他们身上的故事。

华佗	华罗庚				

华佗——妙手神医，不仅医术高明、热心助人，更可贵的是，他刚正不阿、不畏权贵……

华罗庚在贫病交加中刻苦自学，毅然放弃在美国的“阔教授”生活，选择回国，他的这种学习劲头及报国之心值得我们学习……

敬启

为编好这本书，我们与收入本书的作品（含图片）作者进行了广泛联系，得到了各位作者的大力支持。在此，我们表示衷心的感谢。但是，由于个别作者地址不详，虽经多方努力，仍无法取得联系。敬请各位有著作权的作者尽快与我们联系，以便我们支付稿酬，并致谢忱！

我们还要感谢使用本书的师生们。希望你们在使用本书的过程中，能够及时把意见和建议反馈给我们，对此，我们深表谢意，并将给予一定奖励。让我们携起手来，共同完成本书的建设工作。

联 系 人：梁老师　刘老师

联系电话：010-58022100-6362

联系邮箱：ztxx2008@sina.com

网　　址：http://www.ywztxx.com

地　　址：北京市海淀区知春路7号致真大厦A座18层

图书在版编目（CIP）数据

多彩童年 / 崔峦主编. — 上海 : 上海教育出版社,
2021.12

ISBN 978-7-5720-0808-5

Ⅰ. ①多… Ⅱ. ①崔… Ⅲ. ①阅读课–小学–教学参考资料 Ⅳ. ①G624.233

中国版本图书馆CIP数据核字（2021）第260856号

责任编辑　吴廷廷
封面设计　陈丽娟　王艺霖
著作权人　北京华樾教育科技有限公司

多彩童年

崔峦　主编

出版发行　上海教育出版社有限公司
官　　网　www.seph.com.cn
地　　址　上海市闵行区号景路159弄C座
邮　　编　201101
印　　刷　肥城新华印刷有限公司
开　　本　720×1010　1/16　印张 36
字　　数　400千字
版　　次　2021年12月第1版
印　　次　2021年12月第1次印刷
书　　号　ISBN 978-7-5720-0808-5/G·0624
定　　价　168.00元（全四册）

如发现质量问题，请向本社调换　021-64373213

多彩童年 1

一 经典诵读

1.《齐安郡后池绝句》

（1）这首诗的作者是谁？（　　）

A. 李白　　B. 杜甫

C. 杜牧　　D. 苏轼

（2）判断："夏莺千啭弄蔷薇"的意思是夏莺歌喉婉转嬉弄蔷薇花枝。（　　）

2.《初夏》

（1）"纷纷红紫已成尘"中"红紫"的意思是什么？（　　）

A. 红的和紫的花。　B. 夏天开放的花。

C. 秋天开放的花。　D. 春天开放的花。

（2）这首诗写初夏时听到了____的叫声，看到了道路两边的____。（　　）

A. 布谷　　B. 荷花

C. 桑麻　　D. 知了

3.《初秋行圃》

（1）请填写正确的诗句："听来咫尺无寻处，__________。"（　　）

A. 落日无情最有情

B. 寻到旁边却不声

C. 遍催万树暮蝉鸣

D. 道是无晴却有晴

（2）"听来咫尺无寻处"中的"咫尺"是什么意思？（　　）

A. 形容距离很近。　B. 形容距离很远。

C. 直的尺子。　　D. 十尺距离。

4.《湖上》

（1）《湖上》的作者是谁？（　　）

A. 徐元杰　　B. 李白

C. 杜甫　　D. 陆游

（2）"草长平湖______飞"，请选出正确答案。（　　）

A. 黄莺　　B. 仙鹤

C. 白鹭　　D. 燕子

5.《幼学琼林（节选）》

（1）"豕"的读音是什么？（　　）

A.tún　　B.zhuó

C.shǐ　　D.zhuō

（2）判断："四灵"是指麒麟、凤凰、乌龟和猴子。（　　）

6.《增广贤文（节选）》

（1）"深山毕竟藏猛虎，________。"横线处应该填写什么？（　　）

A. 知人知面不知心

B. 大海终须纳细流

C. 急难何曾见一人

D. 无心插柳柳成荫

（2）判断："龙游浅水遭虾戏，虎落平阳被犬欺"用来比喻英雄豪杰在失势时，会受小人的欺侮。（　　）

二 大自然的生灵

1.《春兴》

（1）“残花落尽见流莺”中“流莺”指什么？（　　）

A. 黄莺　　B. 萤火虫

C. 鹦鹉　　D. 百灵鸟

（2）“细雨初晴的春日，被雨洗过的柳树苍翠欲滴。”请选出这句话对应的诗句。（　　）

A. 残花落尽见流莺

B. 杨柳阴阴细雨晴

C. 杨花榆荚无才思

D. 春风一夜吹乡梦

2.《惠崇春江晚景（其二）》

（1）这首诗的作者是____的____。（　　）

A. 唐代　　B. 宋代

C. 杜甫　　D. 苏轼

（2）判断：“遥知朔漠多风雪，更待江南半月春。”作者运用拟人的修辞，使北飞的大雁充满着人的情感。（　　）

3.《夏意》

（1）请根据古诗填空：“别院深深夏席清，________。树阴满地日当午，________。”（　　）

A. 接天莲叶无穷碧

B. 石榴开遍透帘明

C. 梦觉流莺时一声

D. 淡妆浓抹总相宜

（2）“树阴满地日当午”中“当午”的意思是什么？（　　）

A. 上午　　B. 正午

C. 下午　　D. 傍晚

4.《海燕（节选）》

（1）“小小的燕子，浩莽的大海，飞着飞着，不会觉得倦吗？”句中“浩莽”的意思是什么？（　　）

A. 一马平川。　　B. 无边无际。

C. 风急浪高。　　D. 危机四伏。

（2）判断：文章描绘的是一幅海燕图，小燕子活动的背景是海上，飞翔的姿态是轻掠而过。（　　）

5.《春燕归来》

（1）对于不认识的“怯”字，我们查字典时要用____查字法，先查____。（　　）

A. 部首　　B. 音序

C. 忄　　D.Q

（2）“春天，燕子们争相展示优美的舞姿，感受着春光的爱抚和生活的乐趣。”这句话运用了什么修辞手法？（　　）

A. 比喻　　B. 拟人

C. 排比　　D. 夸张

6.《夹竹桃（节选）》

（1）作者为什么特别喜欢月光下的夹竹桃？（　　）

A. 因为它的韧性。

B. 因为可以引起“我”许多幻想。

C. 因为它在月光下格外香。

D. 因为月光下它花影迷离，特别美丽。

（2）下列对本文理解正确的是哪一项？（　　）

A. 夹竹桃花期长、有韧性，一年四季开放。

B. 月光下的夹竹桃让作者幻想成真，所以作者喜爱它。

C. 作者用其他花来衬托夹竹桃从春到秋常开不败的韧性，表达出作者对它的喜爱之情。

D. 因为两盆夹竹桃花的颜色让作者感到十分有趣，所以它是最值得作者留恋的花。

7.《快阁的紫藤花》

（1）作者为什么更加喜爱青莲色的紫藤？（　　）

A. 因为青莲色让作者感到青春活力。

B. 因为青莲色让作者感到一种平和与柔婉。

C. 因为洁白的紫藤花太喧闹，作者喜欢安静。

D. 因为青莲色的紫藤下有很多落花，踩上去很舒服。

（2）判断：紫藤花既让作者感到了青春的活力，又让作者感受到平和、柔婉的情趣。（　　）

8.《夏天的昆虫》

（1）蝉里的“楚霸王”指的是哪一类？（　　）

A. 海溜　　　B. 嘟溜

C. 叽溜　　　D. 蝉蜕

（2）下列哪一项对文章的理解是正确的？（　　）

A. 蝈蝈不挑食，什么都吃，尤其爱吃辣椒。

B. 本文表达了作者对昆虫的喜爱，以及对童年的留恋之情。

C. 螳螂是灵活的动物，四肢可以随便转动。

D. 本文表达了作者对电子玩具的厌恶之情。

9.《昆虫的故事》

（1）三种昆虫有着各自不同的生活习性，所以捕捉它们时动作不相同：____黑老婆虫，____爬爬儿，____老道儿。（　　）

A. 摸　　　B. 捉

C. 抄　　　D. 捕

（2）判断：通过读文章可以体会到作者对无忧无虑的童年生活的怀念之情。（　　）

10.《秋日芙蓉》

（1）文章第 3 自然段“远远望去，芙蓉花就像婉约娴静的少女，或几株挤在一起……”运用了什么修辞手法？

（   ）

A. 拟人　　　　　B. 排比

C. 夸张　　　　　D. 引用

（2）芙蓉花一生要经历三次变化：最初是 ____，渐渐变为 ____，最后变为 ____。（   ）

A. 紫色　　　　　B. 嫣红

C. 粉红　　　　　D. 白色

11.《三棵银杏树》

（1）《三棵银杏树》的作者是谁？（   ）

A. 叶圣陶　　　　B. 冰心

C. 季羡林　　　　D. 许地山

（2）文中的银杏树有什么样的特点？请选出说法有误的一项。（   ）

A. 十分高大，主干笔直。

B. 花朵很小，易被忽略。

C. 果实清香。

D. 四季常青。

12.《白色山茶花》

（1）山茶花的生长过程是这样的：从 ____ 开始，到慢慢 ____，最后变为 ____。（   ）

A. 青绿的小芽儿　B. 白色的芽儿

C. 绽放　　　　　D. 洁白的花朵

（2）对这篇文章的理解正确的是哪一项？（   ）

A. 每次，作者都不能无视地走过一棵开花的树，是因为自己喜欢花的美丽和香气。

B. 山茶花慎重和认真地迎接着生命里唯一的一次夏天。

C. 作者呼吁大家要学会仔细地端详花，爱护花。

D. 从短文中我们知道：生命是短暂的，我们要好好珍惜。

13.《槐花》

（1）联系上下文，“氤氲”的意思是什么？（   ）

A. 浓郁　　　　　B. 清淡

C. 清新　　　　　D. 清凉

（2）“他猛然用鼻子吸了吸气，抬头看了看，眼睛瞪得又大又圆。”作者先运用了 ____ 描写，又运用了 ____ 描写。（   ）

A. 动作　　　　　B. 神态

C. 语言　　　　　D. 心理

14.《阮郎归·初夏》

（1）这首词的作者是谁？（   ）

A. 李白　　　　　B. 杜甫

C. 白居易　　　　D. 苏轼

（2）“薰风初入弦”中“薰风”的意思是什么？（   ）

A. 带香味的风。　B. 和暖的南风。

C. 浓烟。　　　　D. 寒冷的北风。

15.《钱塘湖春行》

（1）“几处早莺争暖树，________。”请填写正确的诗句。

A. 水面初平云脚低

B. 一行白鹭上青天

C. 谁家新燕啄春泥

D. 绿杨阴里白沙堤

（2）判断：全诗通过对西湖早春明媚风光的描绘，抒发了诗人喜悦的情感。（　　）

16.《小蜜蜂》

（1）第 2 自然段中说：“她是春天的小天使呀！”这句话中“她”指的是什么？（　　）

A. 花儿　　B. 阳光

C. 小蜜蜂　　D. 小百花园

（2）“小蜜蜂啊____是多么的可爱____可敬____可亲____”请选择正确的标点填空。（　　）

A.、　　B.！

C.，　　D.。

17.《蝴蝶的文学（节选）》

（1）请为“偕”选择正确的读音。（　　）

A.jiē　　B.xié

C.kǎi　　D.kāi

（2）判断：作者借助对春天景物的描写，抒发了自己热爱春天、热爱生活、追求美好人生的思想感情。（　　）

18.《喜鹊》

（1）文中的喜鹊有什么特点？请选出与文章内容不符的一项。（　　）

A. 追求光明　　B. 叫声欢快

C. 辛勤劳动　　D. 保护庄稼

（2）判断：本文写了喜鹊是一种吉祥的鸟，重点描写了它搭窝时怎么寻找合适的位置，赞扬了它的勤劳能干，表达了作者对喜鹊的喜爱之情。（　　）

19.《枯叶蝴蝶》

（1）枯叶蝶为什么要“收敛了它的花纹、图案，隐藏了它的粉墨、彩色”？（　　）

A. 为了保护自己。

B. 为了展示自己的另一种美。

C. 为了求偶。

D. 为了应对季节变化。

（2）判断：虽然人类很想得到枯叶蝶，但是枯叶蝶通过伪装保护了自己，摆脱了人类的捕捉。（　　）

20.《蚕》

（1）“许多过了‘四眠’的蚕聚在一起，吃桑叶的声音‘沙沙沙沙’，好像一阵急雨落在芭蕉叶上。”这句话用了什么修辞手法？（　　）

A. 比喻　　B. 拟人

C. 排比　　D. 夸张

（2）判断：蚕从出生到结茧要经历多次眠期。同在一起的蚕眠期早晚都一样，眠时都不吃不动。（　　）

21.《我听见小提琴的声音》

（1）“他是一位很好的、勤奋的少年，天天晚上学习演奏小提琴。____，

后来他成为童话世界里一位少年提琴家。”句中横线处填哪个关联词最恰当？（　　）

A. 然而　　B. 因此

C. 尽管　　D. 可是

（2）“那草丛的村庄里，住着一位少年音乐家”，这位“音乐家”是谁？（　　）

A. 百灵鸟　　B. 蟋蟀

C. 蝉　　D. 杜鹃

22.《翠绿色的歌（节选）》

（1）“蝈蝈虽然大腹便便，其实却机智得很，至少在当时的我们眼里，它们是一种难对付的猎物。”这句话在文章结构安排上有什么作用？（　　）

A. 承上启下　　B. 点明中心

C. 照应开头　　D. 总结全文

（2）判断：用“翠绿色的歌”作为题目表现出作者对昆虫、对大自然的喜爱。（　　）

23.《松毛虫》

（1）松毛虫新生幼虫的主要特征是什么？（　　）

A. 整齐排列　　B. 满身纤毛

C. 脑袋大、有硬腭　D. 一毫米长

（2）法布尔的这篇文章选自哪本书？（　　）

A.《昆虫分类学》　B.《昆虫记》

C.《百科全书》　D.《寻虫记》

24.《飞去的硬壳甲虫》

（1）判断：“一刹那”的意思是一眨眼之间，表示时间十分短暂。（　　）

（2）文章结尾写道：“我可以睡觉了。”对这句话的理解，正确的是哪一项？（　　）

A. 讨厌的甲虫吵死了，现在飞走了，“我”终于可以好好睡觉了。

B. 甲虫飞走了，没有和“我”捉迷藏的了，“我”只能睡觉了。

C.“我”帮助甲虫脱险，一切归于平静，“我”终于可以睡觉了。

D. 甲虫飞走了，没有好听的音乐了，“我”只好去睡觉了。

25.《冬蝈蝈》

（1）“冬蝈蝈不是野蝈蝈，它是人工繁殖出来的虫儿，____与人极亲近。”请在横线处填写恰当的关联词。（　　）

A. 因此　　B. 然而

C. 但是　　D. 而且

（2）对文章理解正确的是哪一项？（　　）

A. 文章开头对桂师傅的描写可以省略。

B. 作者写冬蝈蝈只是为了介绍这种昆虫的习性。

C. 文章表达了作者对冬蝈蝈的喜爱之情。

D. 人工繁育的冬蝈蝈很笨拙，不招人喜欢。

三 寓言故事

1.《南辕北辙》

（1）“吾欲之楚”中“之”是什么意思？（　　）

A. 这　　B. 那

C. 到　　D. 离开

（2）读了这篇寓言故事，你懂得了什么道理？（　　）

A. 目标是南方，而车子却往北走，方向和目的地正好相反，这是不能成功的。

B. 想往南走，只要有一匹好马，车子虽往北走也能到达目的地。

C. 想往南走，只要有足够的路费，车子虽往北走也能到达目的地。

D. 想往南走，只要驾车人本领高超，车子虽往北走也能到达目的地。

2.《掩耳盗铃》

（1）“欲负而走”中“负”是什么意思？（　　）

A. 欺负　　B. 背着

C. 失败　　D. 拖欠

（2）从这则寓言中你懂得了什么道理？（　　）

A. 做小偷会遭到报应的。

B. 做人不能太自私，要学会分享。

C. 自欺欺人的人，终究会自食其果。

D. 不能随便破坏东西。

3.《云雀明白了》

（1）麻雀、公鸡、鹌鹑为什么觉得自己飞得很高？（　　）

A. 因为它们没有见过雄鹰。

B. 因为它们都比云雀飞得高。

C. 因为它们总是和不如自己的人比较。

D. 因为它们相互嫌弃，相互看不起。

（2）判断：这个寓言故事告诉我们，做事时不要总与不如自己的人比较，要把目标定高，才能有更大的进步。（　　）

4.《爱自夸的牛》

（1）耕牛在回家的途中看到长满杂草的耕地时，心里是怎么想的？（　　）

A. 这块地居然有这么多杂草，我来替它耕一耕吧！

B. 居然有这么懒的牛，如果我是主人，一定要惩罚它！

C. 耕牛们都好辛苦，如果我是主人，一定要好好奖励它们！

D. 我家的地居然有这么多杂草，我真是太惭愧了！

（2）判断：这篇寓言故事告诉我们，不能只知道埋头干活，当取得成绩后也要及时告诉别人。（　　）

5.《野山羊和牧人》

（1）这篇寓言出自哪本书？（　　）

A.《中国古代寓言故事》

B.《伊索寓言》

C.《克雷洛夫寓言》

D.《一千零一夜》

（2）这篇寓言故事告诉我们一个什么道理？（　　）

A. 做人不要喜新厌旧，贪得无厌。

B. 做人不要忘恩负义，要知恩图报。

C. 做人不要占小便宜，要学会感恩。

D. 要平等地对待每一个人。

6.《牛和苍蝇》

（1）“徘徊”的读音是什么？（　　）

A.pái huí　　B.pái huái

C.fěi huái　　D.fěi huí

（2）故事中的苍蝇代表了生活中的哪种人？（　　）

A. 自高自大、喜欢自夸的人

B. 谦虚谨慎、待人真诚的人

C. 为他人着想的人

D. 对别人态度冷淡的人

7.《狐狸和葡萄》

（1）“它懊丧地唠叨……”中的“懊丧”可以替换为哪个词语？（　　）

A. 悲哀　　B. 悔恨

C. 懊恼　　D. 反悔

（2）判断：这则寓言故事中的狐狸对它得不到的东西就说不好，以此来寻求心理安慰，这是一种自欺欺人的行为。（　　）

8.《鹰和蜜蜂》

（1）“就带着鄙夷的口气对蜜蜂说……”中“鄙夷”的反义词是什么？（　　）

A. 鄙视　　B. 敬佩

C. 批评　　D. 惋惜

（2）判断：读了这篇文章我们知道，那些默默无闻、为公众利益而奋斗的人更值得我们赞美。（　　）

9.《鹰和云雀》

（1）从文章中可以看出鹰的性格是什么？（　　）

A. 知错就改　　B. 骄傲自满

C. 谦虚礼貌　　D. 爱捉弄人

（2）判断：从这则故事中，我们明白了做人要谦虚有礼貌。（　　）

10.《两只蚂蚁》

（1）“咱们不能再冒险了。_____，会摔得粉身碎骨的！”横线处的正确答案是什么？（　　）

A. 所以　　B. 因此

C. 但是　　D. 否则

（2）判断：这个故事的寓意是，谁在最困难的时候不丧失信心，谁就有可能获得成功。（　　）

11.《猫的礼物》

（1）猫送给老虎的永远吃不完的礼物是什么？（　　）

A. 捕猎的本领　　B. 好吃的东西

C. 老鼠　　D. 贵重的衣服

（2）判断：读了这则寓言故事后，我们知道了，当你的同学有道题不会做时，与其让他抄你的作业，不如教会

他做题的方法。（　　）

12.《小老鼠立志》

（1）下列哪一项不是小老鼠想出的攀登珠穆朗玛峰的办法？（　　）

A. 驾驭白云　　B. 请风帮忙

C. 搭乘月亮做成的小船　D. 早点出发

（2）这个故事告诉我们什么道理？（　　）

A. 要从小立下远大的志向，才有可能取得成就。

B. 不能嘲笑别人，而要给他鼓励。

C. 只会空想，不去实干，最终只会一事无成。

D. 适合自己的，才是最好的。

13.《杞人忧天》

（1）“杞人忧天”中“杞”字的读音是什么？（　　）

A.qí　B.jǐ　C.qǐ　D.jí

（2）“杞人忧天”这个故事给了我们什么启发？（　　）

A. 要为可能会发生的事情做好充足的准备，防患于未然，才能让自己立于不败之地。

B. 弄虚作假是经不住时间考验的，做人还是应该有真才实学。

C. 不要过于担心那些不太可能发生的事情，而要用豁达乐观的心态去面对生活。

D. 做任何事都不能不顾客观条件，盲目模仿，否则只会适得其反。

14.《一叶障目》

（1）“一叶障目”中“障”的读音是____，意思是____。（　　）

A.zhàng　B.zhāng

C. 遮蔽　D. 障碍

（2）“默然大喜，赍叶入市，对面取人物，吏遂缚诣县。”这句话的意思是什么？（　　）

A. 他心里暗暗高兴，到了闹市，跑到对面拿人东西，结果，被官差当场抓住押送县衙门。

B. 他心里暗暗高兴，急忙将那片树叶揣在怀里跑到街上去，到了闹市里，举着树叶，旁若无人地当面拿别人的东西，结果，被官差当场抓住押送县衙门。

C. 他心里暗暗高兴，到了闹市，拿着树叶去卖，结果被官差当场抓住押送县衙门。

D. 他心里暗暗高兴，到了闹市，跑到对面去欺骗人，结果，被官差当场抓住押送县衙门。

15.《买椟还珠》

（1）“此可谓善卖椟矣，未可谓善鬻珠也。”对这句话的解释，正确的是哪一项？（　　）

A. 这可以说他善于卖匣子，但不能说是善于卖珍珠。

B. 这可以说他喜欢卖匣子，但不能说是喜欢卖珍珠。

C. 这可以说他善于卖珍珠，但不能说是善于卖匣子。

D. 这可以说他喜欢卖珍珠，但不能说是喜欢卖匣子。

（2）“楚人有卖其珠于郑者，为木兰之柜，薰以____，缀以珠玉，饰以____，辑以翡翠。”请选择正确的词填空。（　　）

A. 玫瑰　　B. 桂椒

C. 珠玉　　D. 黄金

16.《丑女效颦》

（1）“彼知颦美，而不知颦之所以美。”这句话的意思是什么？（　　）

A. 她只看到西施皱着眉头很美，却不知道人家皱着眉头好看的原因。

B. 她只看到西施的一举一动很美，但不知道人家为什么美。

C. 她知道自己皱着眉头很美，却不知道为什么皱着眉头很美。

D. 她知道皱着眉头很美，却不知道皱着眉头到底有多美。

（2）“丑女效颦”这个故事给了我们什么启发？（　　）

A. 要多向优秀的人学习，才能让自己也变得越来越优秀。

B. 弄虚作假是经不住时间的考验的，做人还是应该有真才实学。

C. 做任何事都不能不顾客观条件盲目模仿，否则只会适得其反。

D. 自欺欺人的人，终究会自食其果。

17.《大眼筛子和小眼筛子》

（1）“筛得少的筛子默默不语，筛得多的筛子大眼圆睁”，这一句运用了什么描写方法？（　　）

A. 神态描写　　B. 语言描写

C. 动作描写　　D. 心理描写

（2）以下哪句话不能用来概括这个寓言故事的寓意？（　　）

A. 做得多，不一定做得好。

B. 慢工出细活。

C. 吃一堑，长一智。

D. 精心制作，不急于求成，才能做出优质的产品。

18.《得到金子的喜鹊》

（1）“他终于抱着金子死了____金子却没有随他腐烂____”请选择合适的标点符号。（　　）

A.，　　B.。

C.——　　D.……

（2）喜鹊守着金子，为什么它的“生命的光泽却愈来愈暗”？（　　）

A. 因为它越来越老。

B. 因为它没有耳洞，不能带上这枚金灿灿的耳环。

C. 因为怕金子被发现，它失去了朋友和歌声。

D. 因为在金子的衬托下它更黑了。

19.《知了和蚂蚁》

（1）故事中说“蚂蚁有个小缺点”，这个小缺点是什么？（　　）

A. 不诚信

B. 不喜欢外借东西

C. 不喜欢听歌

D. 不囤粮食

（2）判断：这则故事告诉我们要及时享乐，不要天天忧心忡忡。（　　）

20.《竹竿与篾绳》

（1）篾绳为什么不松开这根竹竿？（　　）

A. 为了约束它。

B. 为了惩罚它。

C. 为了让它成材。

D. 为了替母亲监督它。

（2）这个寓言故事告诉了我们什么道理？（　　）

A. 如果想要成材就要承受压力，我们要把压力当成动力，努力前进。

B. 骄傲自满的人是不会有什么成就的。

C. 做事时不要总与不如自己的人比较，要把目标定高，才能有更大的进步。

D. 弄虚作假是经不住时间考验的，做人还是应该有真才实学。

21.《城鼠与田鼠》

（1）读了这则寓言故事后，我们知道田鼠的生活状态是____，城鼠的生活状态是____。这则寓言故事告诉我们____。（　　）

A. 自由自在

B. 提心吊胆

C. 最大的无知就是不了解自己

D. 与提心吊胆的富裕生活相比，自由才是最重要的

（2）判断：虽然有土耳其地毯、美味佳肴，但田鼠并不羡慕城鼠的生活。（　　）

22.《狼与狗》

（1）“说狗长得富态令他艳羡不已”，句中的“艳羡”可以换成哪个词语？（　　）

A. 艳丽　　B. 羡慕

C. 嫉妒　　D. 高兴

（2）对故事中的狗来说，什么是最重要的？（　　）

A. 自由的生活　　B. 大量的财富

C. 富足的生活　　D. 主人的信任

23.《玫瑰树根》

（1）故事里的玫瑰树根代表着生活中的哪一种人？（　　）

A. 瞧不起别人的人　B. 以貌取人的人

C. 默默奉献的人　　D. 谨慎小心的人

（2）判断：这则寓言故事通过细流和树根的对话以及细流最后的醒悟，赞美了像玫瑰树根一样甘愿付出、默默

奉献的人的高尚和伟大。（　　）

24.《狐狸和伐木人》

（1）狐狸为什么不感谢伐木人？（　　）

A. 因为狐狸不懂感恩。

B. 因为狐狸看到伐木人出卖了它。

C. 因为伐木人没有收留狐狸。

D. 因为狐狸被猎人捉到了。

（2）判断：善良、真诚的伐木人帮狐狸躲过了一劫。（　　）

25.《肚胀的狐狸》

（1）“饿”用音序查字法应该查什么音序？（　　）

A.F　　B.E

C.W　　D.M

（2）这个寓言故事告诉我们什么道理？请选出说法有误的一项。（　　）

A. 做事要考虑后果，为长远做打算。

B. 做人不能太贪婪。

C. 对待朋友要真诚。

D. 要做谨慎的人。

26.《松鼠、田鼠换尾巴》

（1）松鼠的尾巴是____的，田鼠的尾巴是____的。（　　）

A. 蓬蓬松松　　B. 细细长长

C. 小巧玲珑　　D. 像剪刀一样

（2）判断：这篇寓言故事告诉我们，适合自己的，才是最好的。（　　）

27.《狗和他的影子》

（1）故事中的狗代表了生活中的哪种人？（　　）

A. 做事不顾后果的人

B. 谨慎小心的人

C. 贪得无厌的人

D. 喜欢听别人赞美的人

（2）判断：狗因为不会游泳而错失了河里的那块肉。（　　）

四 整本书阅读

《克雷洛夫寓言》

（1）《克雷洛夫寓言》的作者克雷洛夫是哪个国家的？（　　）

A. 古希腊　　B. 俄国

C. 法国　　D. 丹麦

（2）《狼和小羊》中的小羊代表了生活中的哪一类人？（　　）

A. 无辜弱小的人

B. 自私自利的吝啬鬼

C. 欺软怕硬的人

D. 充满想象力的人

参考答案

一、经典诵读

1.《齐安郡后池绝句》

（1）C　（2）对

2.《初夏》

（1）D

（2）AC　解析：从诗句中可以判断出写了布谷和桑麻。

3.《初秋行圃》

（1）B　（2）A

4.《湖上》

（1）A　（2）C

5.《幼学琼林（节选）》

（1）C

（2）错　解析：麒麟、凤凰、乌龟和龙合称为“四灵”。

6.《增广贤文（节选）》

（1）B

（2）对　解析：这句话的意思是龙一到浅水中，连小虾也会戏弄它；虎离开深山来到平地，连狗也会欺侮它。比喻英雄豪杰在失势时，会受小人的欺侮。

二、大自然的生灵

1.《春兴》

（1）A　（2）B

2.《惠崇春江晚景（其二）》

（1）BD

（2）对　解析：后两句写大雁恋恋不舍是因为南方比北方温暖，远远地就知道了沙漠风多雪多，希望在江南多待几日。这种拟人手法的运用，使北飞的大雁充满着人的情感。

3.《夏意》

（1）BC　（2）B

4.《海燕（节选）》

（1）B　（2）对

5.《春燕归来》

（1）AC　（2）B

6.《夹竹桃（节选）》

（1）B

（2）C　解析：选项A中应为春、夏、秋三季开放；选项B中夹竹桃能引起作者的幻想，但并未成真；选项D中夹竹桃成为作者最留恋的花是因为它引起了作者的幻想，陪伴了作者的童年。

7.《快阁的紫藤花》

（1）B

（2）对　解析：洁白色的紫藤让作者感到了青春活力，青莲色的紫藤让作者感到了平和与柔婉。

8.《夏天的昆虫》

（1）A

（2）B　解析：据说蝈蝈吃完辣椒叫声更大，并没有说它喜欢吃辣椒，所以选项A不对；螳螂只有头能四面转动，选项C错误；对于孩子玩电子玩具，作者说未必是好事，并没有说厌恶，选项D错误。

9.《昆虫的故事》

（1）BAC

（2）对　解析：作者认为童年的快乐常常与昆虫有关，他分享了童年时与昆虫有关的趣事，可以看出作者对昆虫的喜爱，对童年的怀念。

10.《秋日芙蓉》

（1）A　（2）DCB

11.《三棵银杏树》

（1）A　（2）D

12.《白色山茶花》

（1）ACD

（2）D　解析：选项A错在，每次作者都不能无视地走过一棵开花的树是因为他尊敬珍惜生命的花；选项B中的“夏天”应为“春天”；选项C没有在文中体现“爱护花”；选项D正确。

13.《槐花》

（1）A

（2）AB　解析：“吸”“抬头看”是动作描写，“眼睛瞪得又大又圆”是神态描写。

14.《阮郎归·初夏》

（1）D　（2）B

15.《钱塘湖春行》

（1）C

（2）对　解析：从“最爱湖东行不足”可以看出诗人的喜悦之情。

16.《小蜜蜂》

（1）C　（2）CAAB

17.《蝴蝶的文学（节选）》

（1）B

（2）对　解析：在作者笔下，蝴蝶是春天的使者。它们与花为伴，带给这个世界美丽和生机。在作者对春天景物的动态描写中，我们可以感受到生活的美好及作者心境的快乐。短文字里行间都能体现出作者喜爱春天，期盼春天。

18.《喜鹊》

（1）A

（2）错　解析：重点描写的是喜鹊搭窝的过程，不仅仅是寻找位置，所以此题错误。

19.《枯叶蝴蝶》

（1）A

（2）错　解析：文中说道：“但是它还是逃不脱被捕捉的命运。”

20.《蚕》

（1）A

（2）错　解析：文中有“同在一起的蚕，眠期有早有晚，并不齐一”，可见题目错误。

21.《我听见小提琴的声音》

（1）B　（2）B

22.《翠绿色的歌（节选）》

（1）A

（2）对　解析：昆虫们生活在翠绿的田野里，叫声汇在一起，就像一曲“翠绿色的歌”，表现了作者对大自然的喜爱。

23.《松毛虫》

（1）C　（2）B

24.《飞去的硬壳甲虫》

（1）对

（2）C　解析：从“音乐家”等词语可以看出作者喜欢甲虫，所以选项A错误；甲虫在黑屋子里乱撞并没有和作者捉迷藏，也没有给作者演奏，所以选项B、D错误，选C。

25.《冬蝈蝈》

（1）A

（2）C　解析：因为桂师傅的出现让作者更加想养冬蝈蝈，所以不能删除，选项A错误；作者介绍冬蝈蝈不仅是介绍这种昆虫，也表达了对它的喜爱之情，所以选项B不对；人工繁育的冬蝈蝈虽然笨拙，但更招人喜欢，所以选项D错误。

三、寓言故事

1.《南辕北辙》

（1）C

（2）A　解析：通过故事的结果能够判断出故事的寓意。

2.《掩耳盗铃》

（1）B

（2）C　解析：去偷钟，害怕别人听到钟的声音，捂住自己的耳朵就以为别人也听不到声音了，这是自欺欺人的表现。

3.《云雀明白了》

（1）C

（2）对　解析：文章前六个自然段都在写动物们骄傲自满，因为它们总与不如自己的动物比较。文章最后指出，谁想要展翅高飞，就不能把目标定得太低。

4.《爱自夸的牛》

（1）B

（2）错　解析：这篇寓言故事告诉我们，要认真踏实地做好自己的工作，不要骄傲自满，到处宣扬。

5.《野山羊和牧人》

（1）B

（2）A　解析：牧人将野山羊赶进山洞，比起自己的山羊，给它们更多饲料，说明他喜新厌旧；他想通过这种方法留住这些野山羊，说明他贪得无厌。这则寓言故事告诉我们，做人不要喜新厌旧，贪得无厌。

6.《牛和苍蝇》

（1）B　（2）A

7.《狐狸和葡萄》

（1）C

（2）对　解析：狐狸够不到葡萄，就

说葡萄是酸的，以此来安慰自己，这是自欺欺人。

8.《鹰和蜜蜂》

（1）B

（2）对　解析：寓言中鹰觉得自己很威风，让大家都觉得害怕，而蜜蜂却默默无闻，为公众利益而奋斗。作者赞扬了像蜜蜂这样默默奉献的人。

9.《鹰和云雀》

（1）B

（2）对　解析：鹰就是因为骄傲自满，而被云雀戏弄，被乌龟嘲笑。所以这个故事告诉我们，做人要谦虚有礼貌。

10.《两只蚂蚁》

（1）D

（2）对　解析：通过故事最后两只蚂蚁的对话可以看出故事的寓意。

11.《猫的礼物》

（1）A

（2）对　解析：这篇寓言故事告诉我们，授人以鱼不如授人以渔。所以我们要教会别人方法，而不是直接告诉他答案。

12.《小老鼠立志》

（1）D

（2）C　解析：故事中的小老鼠立下了攀登珠穆朗玛峰的远大志向，可惜总是空想，却不去行动，最终一事无成。所以，这个故事告诉了我们实践的重要性。只会空想，是不会取得成就的。

13.《杞人忧天》

（1）C

（2）C　解析："杞人忧天"这个故事的主人公担心天崩地裂，自己没有地方躲藏，以至于吃不下睡不着，可是这样的事情发生的概率太小了。这个故事告诉我们，不要总是担心那些不太可能发生的事情，要乐观面对生活。

14.《一叶障目》

（1）AC　（2）B

15.《买椟还珠》

（1）A　（2）BA

16.《丑女效颦》

（1）A

（2）C　解析：西施的美在于本身，而不在于皱着眉头。村里的丑女盲目模仿，结果却适得其反。这个故事告诉我们，做任何事都不能不顾客观条件盲目模仿，否则只会适得其反。

17.《大眼筛子和小眼筛子》

（1）A　（2）C

18.《得到金子的喜鹊》

（1）AD　（2）C

19.《知了和蚂蚁》

（1）B

（2）错　解析：寓言中知了只知道享乐却不知道存粮，所以冬天没有吃的。这则寓言故事告诉我们，不要只顾眼前的享乐，要有长远的打算。

20.《竹竿与篾绳》

（1）C

（2）A　解析：故事里的竹竿只想要自由，而不想承担压力与约束，所以最终挣断了篾绳，但是被杂草树枝绊住，只能眼睁睁看着同伴们向远方奔去。这个故事告诉我们，如果想要成材，就要承受压力与束缚，要把压力当成动力，努力前进。

21.《城鼠与田鼠》

（1）ABD　解析：从最后一小节来看，田鼠的生活状态是自由自在，无人打扰的；城鼠虽然吃得好，但总是怕人出现，担惊受怕。所以这则寓言故事告诉我们，与提心吊胆的富裕生活相比，自由才是最重要的。

（2）对　解析：城鼠生活的地方铺着土耳其地毯，摆着餐具，佳肴特别丰盛，美味一样不少，但生活提心吊胆，并不自由，所以田鼠对城鼠的生活并不羡慕。

22.《狼与狗》

（1）B　（2）C

23.《玫瑰树根》

（1）C

（2）对　解析：树根为美丽的花朵汲取营养，长期的地下生活让它变得丑陋，但它并没有抱怨而是默默奉献。这则寓言故事赞颂的就是像玫瑰树根一样默默奉献的人。

24.《狐狸和伐木人》

（1）B

（2）错　解析：伐木人虽然帮狐狸躲藏，但用手势告诉了猎人狐狸的去向，并不真诚。

25.《肚胀的狐狸》

（1）B

（2）C　解析：故事中的狐狸钻进树洞大吃一顿前没有考虑到后果，使自己陷入了危险的境地，这告诉我们做事要考虑后果，要谨慎，同时也说明不要太贪婪。C 选项与故事无关。

26.《松鼠、田鼠换尾巴》

（1）AC

（2）对　解析：这篇寓言通过松鼠和田鼠由相互羡慕对方的尾巴，到交换尾巴，直至因换了尾巴吃尽苦头，重新换回自己的尾巴的故事，告诉我们，适合自己的，才是最好的。

27.《狗和他的影子》

（1）C

（2）错　解析：河里的那块肉是它嘴里叼着的那块肉的倒影。

四、整本书阅读

《克雷洛夫寓言》

（1）B　（2）A

多彩童年 2

一 经典诵读

1.《蜀中九日》

（1）《蜀中九日》的作者是____代____。（　　）

A. 唐　　B. 宋

C. 王勃　　D. 王维

（2）判断：这首诗表达了诗人北归不得的浓烈思乡之情。（　　）

2.《正月十五夜灯》

（1）“三百内人连袖舞”中的“三百”是什么意思？（　　）

A. 正好三百。　　B. 三百以内。

C. 超过三百。　　D. 形容多，非实指。

（2）这首诗描写的是哪个节日的情景？（　　）

A. 中秋节　　B. 春节

C. 元宵节　　D. 端午节

3.《九月十日即事》

（1）“________何太苦”，填在横线上的内容正确的是哪一项？（　　）

A. 花朵　　B. 梅花

C. 菊花　　D. 莲花

（2）这首诗描写的是哪个传统节日？（　　）

A. 中秋节　　B. 重阳节

C. 清明节　　D. 端午节

4.《中秋月》

（1）《中秋月》的作者是谁？（　　）

A. 晏殊　　B. 杜甫

C. 王维　　D. 韩愈

（2）本诗表达了作者怎样的思想感情？（　　）

A. 高兴　　B. 孤独

C. 心静如水　　D. 随遇而安

5.《幼学琼林（节选）》

（1）____竞渡，吊屈原之溺水；____登高，效桓景之避灾。（　　）

A. 重九　　B. 端午

C. 端阳　　D. 重阳

（2）判断：节选的这部分内容主要写了春节这个传统节日的情景。（　　）

6.《增广贤文（节选）》

（1）一毫之____，劝人____。一毫之____，与人____。（　　）

A. 善　　B. 恶

C. 莫作　　D. 方便

（2）“使口不如自走”的意思是什么？（　　）

A. 安排完任务后就赶紧离开。

B. 用嘴指使别人做不如亲力亲为。

C. 指使别人做比自己做要好。

D. 不能光指使别人做，要跟别人一起做。

二 走进优秀传统文化

1.《寒食》

（1）“他乡寒食远堪悲”中的“远”是什么意思？（ ）

A. 距离远　　B. 更

C. 时间长　　D. 关系远

（2）判断：这首诗表达了作者对二月江南的赞美和喜爱之情。（ ）

2.《端午即事》

（1）“五月五日午”中的“午”是什么意思？（ ）

A. 上午　　B. 中午

C. 下午　　D. 端午

（2）判断：这首诗表达了作者思乡忧国的思想感情。（ ）

3.《上元竹枝词》

（1）“江米如珠井水淘”一句运用了怎样的修辞手法？（ ）

A. 拟人　　B. 比喻

C. 夸张　　D. 排比

（2）这首诗描写的是哪个节日的情景？（ ）

A. 中秋节　　B. 元旦

C. 春节　　D. 元宵节

4.《书籍的变迁》

（1）“到了3000多年前的商朝，有了最早的记载文字的实物——甲骨。”这句话中破折号的作用是什么？（ ）

A. 意思转折　　B. 解释说明

C. 声音延长　　D. 较大的停顿

（2）请为“书”的变迁过程排序：____、____、____、____。（ ）

A. 简书　　B. 甲骨文“书”

C. 用线装订的书　　D. 帛书

5.《蔡伦与造纸术》

（1）经多次实验，终于用麻头、树皮、破布、渔网等为原料，将其切断、剪碎，放在____，然后____，经过____，在竹席上____，晒干之后，就成了体轻质薄的植物纤维纸。（ ）

A. 捣成浆状　　B. 水中浸泡

C. 蒸煮　　D. 摊成薄片

（2）判断：蔡伦发明了造纸术，受到人们的尊敬。（ ）

6.《中国石拱桥（节选）》

（1）“这种桥____形式优美，____结构坚固，能几十年几百年甚至上千年雄跨在江河之上，在交通方面发挥作用。”请选择合适的关联词填空。（ ）

A. 因为　　B. 不但

C. 所以　　D. 而且

（2）第5自然段是围绕哪句话将意思表达清楚的？（ ）

A. 赵州桥非常雄伟。

B. 桥的设计完全合乎科学原理，施工技术更是巧妙绝伦。

C. 桥身也更美观。

D. 全桥结构匀称。

7.《桥梁远景图（节选）》

（1）桥上的车辆行人，靠 ____ 承载；桥梁的重量，靠 ____ 顶托；桥墩的压力，通过 ____，下达土中或石层。（　　）

A. 基础　　B. 桥梁

C. 桥墩　　D. 板凳腿

（2）判断：“这就不能不发挥陆上交通和水上交通的潜力了，因而桥梁还是少不了的。”如果把这句话换个说法会变成：“这就需要发挥陆上交通和水上交通的潜力了，因为桥梁还是少不了的。”（　　）

8.《齐白石画虾（节选）》

（1）最后一个自然段是围绕哪一句话来写的？（　　）

A. 画得活，则虾的生命自出。

B. 画僵了，也就失去了生命。

C. 虾的触须用淡墨线条画出，看似容易，实则极难。

D. 纸上之虾似在水中嬉戏游动，触须也似动非动。

（2）下列哪句话能用来总结齐白石老人获得成功的原因？（　　）

A. 只要功夫深，铁杵磨成针。

B. 有志者事竟成。

C. 仁者爱人，有礼者敬人。

D. 烈士暮年，壮心不已。

9.《正午牡丹》

（1）这篇文章出自沈括的哪本书？（　　）

A.《梦溪笔谈》　　B.《本草纲目》

C.《昆虫记》　　D.《百科全书》

（2）从文中我们得知，猫的瞳孔早上是 ____，正午是 ____。（　　）

A. 一条线　　B. 圆的

C. 闭着的　　D. 放大的

10.《快乐的端午（节选）》

（1）外婆是怎样炒雄黄豆的？请将选项依次排序：____，____，____，____。（　　）

A. 在清水里浸一会儿

B. 豆子绽开壳儿，豆肉露出来

C. 将豆子倒进锅里去炒

D. 洒上雄黄酒

（2）本文的结构是什么？（　　）

A. 总分　　B. 总分总

C. 分总　　D. 并列

11.《天坛》

（1）天坛 ____ 是中国古建筑中的明珠，____ 世界建筑史上的瑰宝。（　　）

A. 虽然　　B. 不仅

C. 但是　　D. 也是

（2）判断：这篇文章从天坛的作用以及建造依据、寓意、构造等方面说明了天坛在建筑史上的地位。（　　）

12.《客家土楼》

（1）下列词语中没有错别字的是哪一项？（ ）

A. 齐心协力　　B. 团结一至

C. 齐心胁力　　D. 离乡被井

（2）客家人为什么会建造客家土楼？（ ）

A. 为了一家人从北往南迁徙方便。

B. 为了团结一致、齐心协力去解决问题。

C. 为了表达对祖先的尊敬，方便祭祀。

D. 为了大家生活在一起，走亲访友方便。

13.《四大刺绣与它们的发源地》

（1）江苏的 ____，湖南的 ____，广东的 ____ 和四川的 ____ 是中国的四大名绣。（ ）

A. 粤绣　　B. 苏绣

C. 蜀绣　　D. 湘绣

（2）本文的结构是什么？（ ）

A. 总分　　B. 总分总

C. 分总　　D. 并列

14.《中秋吃芋艿》

（1）全文是围绕哪一句话来写的？（ ）

A. 中秋佳节，除了吃月饼之外，东南沿海一带的人还有吃糖煮芋艿的习俗。

B. 相传这个习俗来自戚家军抗击倭寇。

C. 明代中期，倭寇经常侵犯我国东南沿海，烧杀抢掠，无恶不作。

D. 有一年的中秋节，戚家军的将士们在营地里欢庆节日。

（2）判断：中秋节吃芋艿，不仅仅是享口福，还有好运连连的寓意。（ ）

15.《童年的春节》

（1）“我”屋墙上挂的是 ____，上面的人物是“三英战吕布”，手里提的是两眼会活动的 ____，另一手就拉着一盏脚下有轮子的 ____。（ ）

A. “白兔灯”　　B. “金鱼灯”

C. “走马灯”　　D. “兔儿灯”

（2）判断：本文回忆了作者童年春节时孤独寂寞之情。（ ）

16.《冰灯》

（1）判断：“父亲正在离炕很远的地方打磨一块冰”可以缩句为“父亲打磨冰”。（ ）

（2）“它从此留在了我心里”中的“它”指的是什么？（ ）

A. 父亲制作的冰灯　　B. 大军的玻璃灯

C. 冰灯和父爱　　D. 过年的灯笼

17.《陶器上的图画与符号》

（1）“在这里展出的是1954年开始发掘的我国新石器时代仰韶文化重要遗址——半坡遗址的文物。”这句话中破折号的作用是什么？（ ）

A. 意思转折　　B. 解释说明

C. 声音延长　　D. 较大的停顿

（2）“半坡遗址的彩陶上，不仅有千姿百态的纹样，还有笔画流畅的符号。”

这句话在文中起了什么作用？（　　）

A. 总结上文　　B. 承上启下

C. 引起下文　　D. 概括全文

18.《万里长城的构造》

（1）“砌”用音序查字法应该先查音序____，再查音节____。（　　）

A.q　　B.Q

C.qi　　D.qie

（2）作者是按照怎样的顺序介绍城墙构造的？（　　）

A. 从远到近　　B. 从近到远

C. 从高到低　　D. 从低到高

19.《虾趣（节选）》

（1）连声啧啧赞叹____“真像呀____就和活的一模一样____”请选择恰当的标点符号填入语句中。（　　）

A.，　　B.。

C.：　　D.！

（2）作者从哪些方面观察了虾？（　　）

A. 颜色、嬉戏、吃食

B. 运动、打架、吃食

C. 颜色、打架、吃食

D. 运动、嬉戏、吃食

三 奇妙的自然界

1.《有趣的生命时钟》

（1）燕子每年飞到南方避寒，春天又飞回北方，这属于什么活动规律？（　　）

A. 生命节律　　B. 昼夜节律

C. 年周期节律　　D. 习惯节律

（2）读了文章后我们知道了，下面哪种行为有利于身体健康？（　　）

A. 三班倒的工作　　B. 偶尔熬夜

C. 定时起居　　D. 周末狂欢

2.《花钟》

（1）“我还想，那绿色的蔓条儿，该是电线了？”这句话用了什么修辞手法？（　　）

A. 拟人　　B. 比喻

C. 排比　　D. 夸张

（2）本文题目的意思是什么？（　　）

A. 作者很喜欢长得像钟表一样的花儿。

B. 作者很喜欢像花儿一样美丽的钟表。

C. 牵牛花和蒲公英每天按一定的时间开放。

D. 许许多多的花都是按时开放的，像钟表一样告诉我们时间。

3.《红鲤斗水》

（1）判断：第 2 自然段是围绕第一句话来写的，借助这句话可以概括这一自然段的大意。（　　）

（2）从红鲤斗水来看，红鲤具有什么特点？（　　）

A. 贪玩　　B. 意志坚强

C. 喜爱刺激　　D. 骄傲

4.《我和祖母养的八哥》

（1）判断：“木梯！木梯！”在朗读

这句话时，我们要读出祖母的着急和紧张。（　　）

（2）想一想，八哥最后为什么飞走了？（　　）

A. 不想天天洗澡。 B. 向往自由。

C. 重视我们的感情。D. 不喜欢吃豆腐。

5.《鹿》

（1）下列说法错误的是哪一项？（　　）

A.“我”背着枪是为了摆派头。

B.“我”的枪里没有子弹。

C.“我”想跟鹿一起上路。

D.“我”跟鹿说话是为了骗它上当。

（2）读完文章后，你觉得鹿有什么特点？（　　）

A. 幽默可爱　　B. 警惕性高

C. 温顺美丽　　D. 乐于倾听

6.《我的小马》

（1）“玉龙雪山明朗的笑脸，在蓝天下闪闪发光。”这句话运用了什么修辞手法？（　　）

A. 拟人　　B. 比喻

C. 夸张　　D. 排比

（2）读完文章最后一个自然段，你看到了一个怎样的丹丹？（　　）

A. 胆小　　B. 可爱

C. 狡猾　　D. 暴躁

7.《一年四季花开花落》

（1）判断：因为不同的花儿开放的时间不同，我们可以根据花儿开放的月份、季节等制造不同的花钟。（　　）

（2）将下列选项中的花儿根据一年中开放的先后顺序进行排序：____、____、____、____。（　　）

A. 凤仙花　　B. 桂花

C. 石榴花　　D. 荷花

8.《燕子》

（1）“正因为形状丑陋，只有很细小的一双脚，它才获得了所有这些珍贵品质……”这句话中的“珍贵品质”指什么？（　　）

A. 轻松捕食　　B. 飞行艺术

C. 站立行走　　D. 优雅风度

（2）判断：作者主要从燕子的翅膀、眼睛、脖子、爪子和嘴等方面举例说明了燕子善于飞行的原因。（　　）

9.《我的名称（节选）》

（1）“菌儿”为“儿”的原因是什么？（　　）

A. 因为小。　　B. 因为多。

C. 因为少。　　D. 因为孤单。

（2）下列哪一项不是“菌儿”的特点？（　　）

A. 分得快　　B. 分得多

C. 身躯很大　　D. 很渺小

10.《虫儿飞》

（1）喜欢聚在灯下的是____，有两只大钳子的是____，嘴上长着锋利的牙

齿的是____。（　　）

A. 天牛　　B. 苍虫

C. “吊死鬼”　　D. “地狗子”

（2）本文的结构是什么？（　　）

A. 总分总　　B. 总分

C. 分总　　D. 并列

11.《一年四季（节选）》

（1）“白天，空中的一个高处挂着‘猫尾巴’，另一个高处云团浮沉，有如一大队数不尽的船只。”这句话运用了什么修辞手法？（　　）

A. 拟人　　B. 比喻

C. 排比　　D. 夸张

（2）从“那里生活沸腾，沼泽上的百鸟争鸣不休……也没有发动机的嘟嘟声”这部分内容中你看到了一幅怎样的画面？（　　）

A. 嘈杂、喧闹　　B. 人声鼎沸

C. 和谐、欢快　　D. 吵吵嚷嚷

12.《白嘴鸦揭开春天的帷幕》

（1）白嘴鸦在我国____过冬，在____生儿育女。（　　）

A. 北方　　B. 东方

C. 南方　　D. 西方

（2）判断：白嘴鸦在归途中虽然要遇到暴风雪，但却能竭尽全力地全部飞回来。（　　）

13.《红蚂蚁》

（1）文章开头提出蚂蚁是通过什么来辨别方向的？（　　）

A. 触觉　　B. 嗅觉

C. 视觉　　D. 听觉

（2）作者做这个实验是为了证明什么？（　　）

A. 红蚂蚁依靠嗅觉来辨别方向。

B. 红蚂蚁不是依靠嗅觉来辨别方向的。

C. 红蚂蚁遇到困难能团结一致。

D. 红蚂蚁喜欢抢黑蚂蚁的东西。

14.《芦鸡》

（1）第 3 自然段“这样几次以后”中的“这样”指的是什么？（　　）

A. 小芦鸡呼唤同伴。

B. 小芦鸡绕着椅子脚转圈。

C. 小芦鸡吃得很少。

D. 小芦鸡悠闲地散步。

（2）判断：读了这篇文章后，我们懂得了爱护小动物就要给它们自由，与它们和谐相处。（　　）

15.《这些动物为啥做鬼脸？（节选）》

（1）“动物不仅能用鼻子嗅到气味，嘴里也能感知到。”这句话在文中起到什么作用？（　　）

A. 总结上文　　B. 承上启下

C. 引起下文　　D. 概括全文

（2）犁鼻器传输信息的过程是怎样的？请将下列选项排序：____，____，____，____。（　　）

A. 动物做鬼脸般的动作让牙根部的小

洞接触空气

B. 传输给犁鼻器

C. 传达到大脑

D. 气味分子通过小洞被收集起来

16.《麻雀（节选）》

（1）下列哪一项不是麻雀的特点？（　　）

A. 精明　　B. 多疑

C. 机警　　D. 凶狠

（2）判断："贼头贼脑，又机警，又多疑，似乎心眼儿极多，北方人称它们为'老家贼'。"这句话看似在嘲讽和贬低麻雀，实则表达了作者对它们的喜爱、敬佩之情。（　　）

四 整本书阅读

《城南旧事》

（1）"我憋住气，拨动着高草，轻轻地向前探着脚步……"这是对人物的什么描写？（　　）

A. 外貌　　B. 动作

C. 神态　　D. 心理

（2）判断：从这部分内容中，我们看到了一个善良、可爱、好奇心强的小英子。（　　）

参考答案

一、经典诵读

1.《蜀中九日》

（1）AC

（2）对　解析：本诗的后两句“人情已厌南中苦，鸿雁那从北地来”，表现了诗人已厌倦客居南方的各种愁苦，表达了他浓郁的思乡之情。

2.《正月十五夜灯》

（1）D

（2）C　解析：从题目和诗中“正月中旬”可知本诗描写的是元宵节的情景。

3.《九月十日即事》

（1）C

（2）B　解析：本诗的最后一句点明了是重阳节，而且登高是重阳节的一种习俗。

4.《中秋月》

（1）A

（2）B　解析：诗中一个“独”字，一个“孤”字，表达了诗人中秋佳节客居异乡的孤独之情。

5.《幼学琼林（节选）》

（1）CA

（2）错　解析：这部分内容涉及的节日不仅仅是春节，还有端午节和重阳节。

6.《增广贤文（节选）》

（1）BCAD　（2）B

二、走进优秀传统文化

1.《寒食》

（1）B

（2）错　解析：本诗以乐景写哀情，借咏“寒食”写出了“寒士”的辛酸。

2.《端午即事》

（1）D

（2）对　解析：本诗的三四句表达了作者对好友的思念之情，也是对家乡的思念；后四句写出了作者为自己已年迈而无法报效国家的忧虑。

3.《上元竹枝词》

（1）B　（2）D

4.《书籍的变迁》

（1）B

（2）BADC　解析：根据文章内容可知，最先使用的是甲骨文“书”，然后演变成简书，接着演变成了帛书，最后演变成用线装订的书。

5.《蔡伦与造纸术》

（1）BACD

（2）错　解析：蔡伦是改进了造纸术，不是发明了造纸术。

6.《中国石拱桥（节选）》

（1）BD

（2）B 解析：为了说明赵州桥的设计完全合乎科学原理和施工技术巧妙绝伦，作者分条介绍了这座桥的四个特点。

7.《桥梁远景图（节选）》

（1）BCA （2）对

8.《齐白石画虾（节选）》

（1）C

（2）A 解析：齐白石老人之所以把虾画得活灵活现，是因为用心观察再加上不断地画。

9.《正午牡丹》

（1）A （2）BA

10.《快乐的端午（节选）》

（1）ACBD

（2）A 解析：第1自然段点明了作者小时候喜欢过端午节，后面的内容分别写了到乡下外婆家吃粽子、喝雄黄酒、吃炒雄黄豆等内容，所以结构是“总分”。

11.《天坛》

（1）BD

（2）对 解析：这篇文章的前半部分写了天坛的作用，后半部分写了天坛的建造依据、寓意、构造，最后肯定了天坛的历史地位。

12.《客家土楼》

（1）A （2）B

13.《四大刺绣与它们的发源地》

（1）BDAC （2）B

14.《中秋吃芋艿》

（1）B

（2）对 解析：因为在江浙一带，“芋艿”的发音与“运来”相近。

15.《童年的春节》

（1）CBA

（2）错 解析：本文描写了作者童年春节吃美食、看灯会等快乐难忘的事，表达了作者对童年春节的怀念之情。

16.《冰灯》

（1）对

（2）C 解析：父亲不怕手冷给“我”做冰灯，让“我”的冰灯成了最特别的，所以“我”不能忘的不仅仅是冰灯，还有如山的父爱。

17.《陶器上的图画与符号》

（1）B （2）B

18.《万里长城的构造》

（1）BC （2）D

19.《虾趣（节选）》

（1）CAB （2）A

三、奇妙的自然界

1.《有趣的生命时钟》

（1）C

（2）C　解析：随意破坏良好的生活节律往往会引起疾病，四个选项中只有选项 C 是良好的生活节律。

2.《花钟》

（1）B　（2）D

3.《红鲤斗水》

（1）对

（2）B　解析：红鲤一次次失败，又一次次尝试，凭坚强的意志游到了池塘。

4.《我和祖母养的八哥》

（1）对

（2）B　解析：虽然“我们”对它都很友好，但对动物来说，自由才是最重要的。

5.《鹿》

（1）D

（2）B　解析：从“毫不犹豫地撒腿就跑”可以看出它的警惕性很高。

6.《我的小马》

（1）A

（2）B　解析：丹丹一开始是胆小的，但是最后一个自然段通过“故意撒娇”“挤眉弄眼”等词语写出了丹丹的可爱。

7.《一年四季花开花落》

（1）对　（2）CDAB

8.《燕子》

（1）B

（2）对　解析：燕子双翼似镰刀，眼睛突兀，没有颈脖儿，爪子萎缩和嘴总是张开等都是燕子善于飞行的原因。

9.《我的名称（节选）》

（1）A　（2）C

10.《虫儿飞》

（1）BDA

（2）A　解析：第 1 自然段写“我”每当听到《虫儿飞》这首歌就想起小时候田野里的小虫子，然后介绍了蚂蚁、毛毛虫等好几种小虫子，最后一个自然段写现在的孩子无法体会“我们”小时候玩虫子的乐趣，所以是“总分总”的结构。

11.《一年四季（节选）》

（1）B　（2）C

12.《白嘴鸦揭开春天的帷幕》

（1）CA

（2）错　解析：白嘴鸦在归途中，因遭遇暴风雪的酷寒，几十只、成百只会在途中丧生。

13.《红蚂蚁》

（1）B

（2）B　解析：在文章开头作者质疑蚂蚁是通过嗅觉来辨别方向的，后面通过实验证明了蚂蚁不是通过嗅觉来辨别方向的。

14.《芦鸡》

（1）B

（2）对　解析：作者喜爱芦鸡，对它悉心照顾，可是剥夺了芦鸡的自由。

渴望自由的芦鸡最后丢掉了性命，让作者后悔不已，后来作者便不再捕捉芦鸡了。

15.《这些动物为啥做鬼脸？（节选）》

（1）B

（2）ADBC　解析：由《“鬼脸”里的门道》这一节第 2 自然段可知，正确的排序为 ADBC。

16.《麻雀（节选）》

（1）D

（2）对　解析：从“逆境中磨炼出来的聪明，是它活下去的本领”等句子以及与燕子、黄莺等鸟儿的对比中，可以看出作者对麻雀怀有敬佩和喜爱之情。

四、整本书阅读

《城南旧事》

（1）B　（2）对

多彩童年 3

一 经典诵读

1.《与小女》

（1）韦庄是哪个时期的诗人？（　　）

A. 宋朝　　B. 唐朝

C. 元朝　　D. 南北朝

（2）“见人初解语呕哑，不肯归眠恋小车。”这两句诗依次写了小女孩____、____的特点。（　　）

A. 学说话　　B. 贪玩

C. 不会说话　　D. 爱漂亮

2.《牧童》（吕岩）

（1）这首诗描写的是什么时间牧童骑牛回家的情景？（　　）

A. 中午　　B. 清晨

C. 黄昏之后　　D. 深夜

（2）诗中有景、有人、有声音，生动有趣的画面是按照什么顺序出现在我们面前的？（　　）

A. 由近及远　　B. 由远及近

C. 由上到下　　D. 由下到上

3.《牧童》（栖蟾）

（1）这首诗描写的是______季牧童早出晚归、自由自在放牛的生活场景。（　　）

A. 春　　B. 夏

C. 秋　　D. 冬

（2）“还有什么人能比得上牧童啊，心无牵绊，欢乐舒畅”是对哪两句诗的解释？（　　）

A. 牛得自由骑，春风细雨飞。

B. 青山青草里，一笛一蓑衣。

C. 日出唱歌去，月明抚掌归。

D. 何人得似尔，无是亦无非。

4.《巴女谣》

（1）这首诗是____代诗人____采用民谣体创作的一首诗。（　　）

A. 唐　　B. 宋

C. 于皓　　D. 于鹄

（2）诗人以平易清新的笔触，描绘了一幅恬静闲雅的巴女骑牛回家图，为我们描绘了一个____、____、____的巴女。（　　）

A. 天真伶俐　　B. 活泼开朗

C. 调皮自信　　D. 坚强乐观

5.《幼学琼林（节选）》

（1）以下哪项是明代程登吉所编著的中国古代儿童启蒙读物？（　　）

A.《增广贤文》　　B.《千字文》

C.《弟子规》　　D.《幼学琼林》

（2）对于文中“参商”的表述错误的是哪一项？（　　）

A.“参商”的读音是 cān shāng。

B.“参商”指的是参星和商星。

C. 比喻彼此对立，不和睦。

D. 比喻亲友分隔两地，不得相见。

6.《增广贤文（节选）》

（1）根据古文内容完成填空：“黑发不知勤学早，____________。”（　　）

A. 一寸光阴一寸金

B. 看看又是白头翁

C. 学海无涯苦作舟

D. 人无两度再少年

（2）这些古文在劝勉我们要_____、_____、有所作为，否则，到老一事无成，后悔已晚。（　　）

A. 坚强勇敢　　B. 勤奋学习

C. 珍惜时光　　D. 结交善友

二 美妙的想象

1.《外星人的垃圾分类》

（1）这是一个充满想象的童话故事，下列哪一项不能让我们感受到其想象的神奇？（　　）

A. 外星人老爷爷能收走佳佳胳膊上的蚊子包。

B. 外星人老爷爷收走了蓓蓓的结巴病。

C. 外星人老爷爷用小棍子在老奶奶的眼皮上一拨拉，老奶奶就看见东西了。

D. 小朋友们在广场上玩游戏。

（2）这篇文章是按照什么顺序写的？（　　）

A. 空间顺序　　B. 事情发展的顺序

C. 方位顺序　　D. 时间顺序

2.《捕梦的少年》

（1）捕梦少年捕不到完整的梦是因为什么？（　　）

A. 捕梦少年不会组织美梦。

B. 捕梦少年不愿破坏别人的美梦。

C. 捕梦少年刚加入造梦协会，没有经验。

D. 捕梦少年愿意帮助人们摆脱噩梦的困扰。

（2）这篇童话为我们描绘了一个有趣神奇的世界，对文中安理达的描述错误的是哪一项？（　　）

A. 他在深夜帮助捕梦少年，说明他是一个乐于助人的人。

B. 他在深夜外出，说明他是一个一心向往自由的人。

C. 机智聪明的他为捕梦少年解决了难题。

D. 心地善良的他同样不希望破坏别人的美梦。

3.《大树城堡》

（1）“尤其是那四条板凳腿儿，雕着花纹，粗粗壮壮、矮矮墩墩的，千斤也压不塌。”这句话运用了什么修辞手法？（　　）

A. 比喻　　B. 拟人

C. 夸张　　D. 排比

（2）阿木偷偷地砍了小树后，把它

做成了 ____，它长啊长啊变成了一座 ____，它又“嘎嘎”地长，变成了一栋 ____，它继续地长，变成了一座 ____。（　　）

A. 小木屋　　B. 大房子

C. 绿色城堡　　D. 小板凳儿

4.《爱梦想的树》

（1）根据文章内容可以知道，小松鼠的梦想是什么？（　　）

A. 它要跳得足够高。

B. 它要够到星星。

C. 它想长出翅膀。

D. 它想要飞起来。

（2）本文采用了什么样的结构？（　　）

A. 总分总　　B. 总分

C. 分总　　D. 并列

5.《写童话的爷爷和看童话的耗子》

（1）“刚才的神气没有了，像只瘪了的皮球。”这句话运用了什么修辞手法？（　　）

A. 比喻　　B. 拟人

C. 夸张　　D. 排比

（2）读了老爷爷写的童话故事，你认为下列对童话故事的分析，错误的是哪一项？（　　）

A. 童话可以天马行空，完全不用和平常的事情一样。

B. 丰富的想象，是童话的核心。

C. 童话语言富有幽默性。

D. 童话可以把平日常见的现象用有趣的想象描绘出来。

6.《大画家和小画家》

（1）大画家和小画家依次画了 ____、____、____ 这三幅画。（　　）

A. 爬上窗台的牵牛花

B. 孙悟空

C. 大树上的葡萄藤

D. 绽放的牵牛花

（2）对于文章内容的理解和概括，下列错误的是哪一项？（　　）

A. 文章主要描写了林枫和爸爸一起画画的场景，他们在一起画画很开心。

B. 从小画家林枫的画作中，可以看出他是一个想象力特别丰富的孩子。

C. 从这篇文章中可以看出孩子的成长是离不开家人的陪伴和引导的。爸爸的耐心引导，让小画家画出了一幅幅美丽、有趣的画作。

D. 文章主要写了爸爸画了一棵不高不矮的树，林枫画了一根葡萄藤爬在了树上。

7.《我是一个小孩儿》

（1）判断：这篇文章看似混乱，其实是写出了小孩子天真、善变和矛盾的心理。（　　）

（2）“可是我有什么办法？我只不过是一个小孩儿。”这个句子我们应该用什么语气读？（　　）

A. 失望　　B. 愤怒

C. 兴奋　　D. 无奈

8.《逃家小兔》

（1）根据文章内容我们知道，小兔变成小帆船，妈妈就变成____；小兔变成小花，妈妈就变成____。（　　）

A. 风　　B. 海

C. 园丁　　D. 雨露

（2）判断：本文讲了妈妈对小兔无私的爱，歌颂了母爱的伟大和母亲对子女无私的奉献。（　　）

9.《谁住在皮球里》

（1）“然而，皮球里住着的____不是仙女，____不是地下精灵，更不是魔术师。”请选择恰当的关联词。（　　）

A. 如果　　B. 既

C. 也　　D. 但是

（2）根据文章内容可知，皮球里住着的是____、____、____。（　　）

A. 兔子　　B. 大象

C. 轮子　　D. 鸟

10.《落叶之歌》

（1）“可是，害怕有什么用呢？”和此句意思相同的是以下哪一项？（　　）

A. 可是，害怕没有用。

B. 可是，害怕有用。

C. 可是，害怕有用还是没用呢？

D. 可是不知道害怕有没有用。

（2）请为小叶子的丰富经历排序：____，____，____，____。（　　）

A. 为小蟋蟀挡雨，当小蟋蟀的被子

B. 顽强抵抗北风，留在枝头

C. 决定接受命运的安排，随风跌落

D. 被雨点打湿，小叶子落到了地面

11.《梦中的动物和植物》

（1）这首诗通过丰富的想象力给我们塑造了一个神奇的世界，那下列表述与文中描述相符的是哪一项？（　　）

A. 鱼儿在天空中飞翔。

B. 茄子飘在天空中。

C. 花生长在池塘里。

D. 小朋友们变成了手枪。

（2）根据对文章的理解，展开想象填空：我梦见青蛙是生活在_____的，自由自在。（　　）

A. 森林里　　B. 水里

C. 空中　　D. 陆地上

12.《月亮是块大烙饼》

（1）“小老鼠越看越觉得那是一块大烙饼。”这句话中把“____”比作“____”。（　　）

A. 月亮　　B. 天空

C. 大烙饼　　D. 小老鼠

（2）小老鼠和小蟋蟀是怎样一步步吃到月亮的？将下列选项排序：____，____，____，____。（　　）

A. 顺着绳梯爬上月亮

B. 用草编绳梯

C. 把绳梯抛到天上

D. 绳梯垂挂在天空中

13.《公园里的环保小卫士》

（1）根据文章内容可知，垃圾分为____、____、____三类。（　　）

A. 可回收垃圾　　B. 不可回收垃圾

C. 有害垃圾　　D. 湿垃圾

（2）判断：这篇文章趣味横生，充满了小孩子的奇思妙想，也让我们明白了平时要做到垃圾分类处理，保护环境，不乱丢垃圾。（　　）

14.《小水滴旅行记》

（1）小水滴没有去过下面哪一个地方？（　　）

A. 干旱的土地　　B. 污染的小河

C. 大海　　D. 荒芜的沙漠

（2）“太阳出来了，我越来越轻，只能依依不舍地与朋友们告别……”此时的“我”变成了什么呢？（　　）

A.“我”变成了雪花。

B.“我”变成了水蒸气。

C.“我”变成了露珠。

D.“我”变成了雨滴。

三 难忘的童年

1.《童年的水墨画（节选）》

（1）“一群白鸽在树荫下跳舞歌唱”中“一群白鸽”指的是什么？（　　）

A. 白色的鸽子　　B. 各种白色的鸟

C. 孩童　　D. 白头的老人

（2）这是一组儿童诗，诗中通过____、____、____三组镜头，表现了孩子们童年生活的快乐无忧。（　　）

A. 花前扑蝶　　B. 花前绘画

C. 街头阅读　　D. 树下唱歌跳舞

2.《放纸鸢》

（1）“放纸鸢”中的“纸鸢”指的是什么？（　　）

A. 纸鹤　　B. 纸飞机

C. 风筝　　D. 纸鸳鸯

（2）下列对这首诗歌的鉴赏和分析，错误的是哪一项？（　　）

A. 孩子们把自己的心情叠进了纸鸢，把心愿、梦想也叠进了纸鸢，写出了孩子们叠纸鸢、放纸鸢时高兴的心情。

B. 最后一小节写“我们 / 放飞纸鸢 / 地平线在身后 / 放飞我们”，表达了作者对自由的渴望，对美好生活的向往。

C.“即使雨点儿将要落下 / 天真的纸鸢 / 仍然不停地飞呀飞 / 而且，会飞得很高很高 / 飞得很远很远”，这里的“纸鸢”也暗喻孩子们。

D. 最后一小节写“我们 / 放飞纸鸢 / 地平线在身后 / 放飞我们”，写出了孩子们自由自在的童年生活的美好。

3.《爸爸的花椒糖》

（1）与“那岂不太辜负了我爸爸对我妈妈的一番好意吗？”意思相同的是以下哪一项？（　　）

A. 那就不辜负了我爸爸对我妈妈的一番好意。

B. 那就太辜负了我爸爸对我妈妈的一番好意吗？

C. 那就太辜负了我爸爸对我妈妈的一番好意。

D. 难道辜负了我爸爸对我妈妈的一番好意吗？

（2）下列对文中爸爸的形象分析，表述不恰当的是以下哪一项？（　　）

A. 生活经验不足，从爸爸分不清糖和盐可以看出。

B. 通读全文可以看出，爸爸对待放盐的工作非常认真。

C. 爸爸非常乐意为家人做事，帮妈妈做花椒盐。

D. 爸爸是美食家，更是非常完美的理想丈夫。

4.《大王杏的记忆》

（1）联系上下文可知，关于“害怕得哇哇大哭”和“哭得撕心裂肺”说法正确的是以下哪一项？（　　）

A.“哇哇大哭”是害怕被大黄狗咬到，“哭得撕心裂肺”是看到五奶奶来害怕她骂“我”。

B.“哇哇大哭”是害怕被大黄狗咬到，“哭得撕心裂肺”是看到五奶奶来害怕她告状，被爸爸狠揍或被妈妈骂。

C.“哇哇大哭”是因为树太高了，作者吓得大哭；大黄狗的叫声吓得作者撕心裂肺地哭。

D.“哇哇大哭”是害怕被大黄狗咬到，“哭得撕心裂肺”是看到五奶奶叫来了爸爸妈妈。

（2）下面对文章的理解和赏析，不正确的是哪一项？（　　）

A. 五奶奶是一位宽厚仁慈、懂得爱护小朋友的人。

B. 通过写“我”童年偷摘杏的趣事，表达了“我”对五奶奶的怀念。

C. 通过对两家杏的对比描写以及“我”后来的偷杏行为，全文仅仅表达了作者对大王杏的喜爱之情。

D. 第 5 自然段写“我”大哭起来，说明“我”后悔去摘大王杏了。

5.《往事（节选）》

（1）这篇散文抒写和歌颂的对象是____。（　　）

A. 荷叶　　B. 母亲

C. 大雨　　D. 红莲

（2）冰心以“红莲”自喻，把母亲比作了为红莲遮风挡雨的荷叶，借景抒情，歌颂了____，表达了对母亲的____和____。（　　）

A. 对子女无私呵护的母亲

B. 对子女事事迁就的母亲

C. 感激

D. 依恋

6.《爷爷的打火匣（节选）》

（1）爷爷每次抽烟时先____，再____，然后____。（　　）

A. 在烟袋锅里装满烟末并用手按紧

B. 用打火石和打火镰擦出火花，让那个火花自己飞进烟袋锅

C. 把长长的烟袋杆衔在嘴上

D. 用打火石和打火镰对着烟袋锅，擦出火花，将烟末点燃

（2）判断：这篇文章向我们讲述作者儿时和爷爷在一起的故事，向我们诉说了对爷爷的怀念，对童年时光的怀念。（　　）

7.《昆虫迷》

（1）判断：“据统计，他研究土蜂，用了2年；研究一种蓝黑色的甲虫——地胆，花了25年；研究隧蜂，前后经过30年；研究蜣螂，用了40年！”这句话中作者运用了多个数字，其实没有特别含义。（　　）

（2）下列哪一项对法布尔的表述是错误的？（　　）

A. 法布尔认为有没有教师的指导，都可以走向成功，所以我们只要努力就会取得成功。

B. 法布尔以探索自然为快乐，以奉献自己为己任的崇高精神境界，的确感人肺腑，值得我们学习。

C. 法布尔靠着刻苦自学，取得了很多成就，我们应该向他学习。

D. 法布尔对蟋蟀的住所观察得非常精细，我们应该学习他认真观察的态度。

8.《我不能忘掉祖国》

（1）阅读文章可知，以下选项中不是描写宋庆龄性格的是____。（　　）

A. 勤奋学习　　B. 以理服人

C. 尊重别人　　D. 乐于助人

（2）判断：这篇文章主要写宋庆龄在美国上学时，班里讨论历史，面对他人对中国的诋毁，宋庆龄予以驳斥，得到了大家的认可，最后一句话更是表达了宋庆龄对祖国的思念之情。（　　）

9.《温馨的歌》

（1）每当夏夜纳凉时，孩子们一个个手提用____做成的灯，里面是____，小小的灯装点了“我”的童年。（　　）

A. 鸭蛋壳　　B. 橘皮

C. 蜡烛　　D. 萤火虫

（2）判断：“妈妈的歌，永远活着”，指的是“我”把对母亲的依恋永远珍藏在心中，表达了对故乡、对母亲的怀念。（　　）

10.《我的童年（节选）》

（1）叔父不允许“我”看“闲书”，

这里的“闲书”是指什么？（　　）

A. 闲置不看的书。

B. 社会上严令禁止的书。

C. 课外书，也就是一些小说。

D. 没有功名的人写的书。

（2）文中围绕“我”爱看“闲书”，写了三件事，依次是：____，____，____。（　　）

A. “我”回忆看书时学习英文的情景

B. 背着叔父，偷偷看小说

C. 放学后，“我”躲在假山后面或工地看书

D. “我”想成为书里那样的英雄，苦练铁砂掌

11.《男孩的童年》

（1）“等到没有爆竹放了，年过完了，会有一丝惆怅。”这句话中“惆怅”的意思是以下哪一项？（　　）

A. 心里十分生气。　B. 心里十分矛盾。

C. 心里十分不舍。　D. 心里十分着急。

（2）本文采用的是什么结构？（　　）

A. 总分总　　B. 总分

C. 分总　　D. 并列

12.《冬日的秋千架》

（1）下列哪个句子运用了排比的修辞手法？（　　）

A. 不见了广阔无垠的麦浪和满眼碧绿的青纱帐，田野凋敝，风大了，农人心底的欢愉与喜悦却还在生长。

B. 于是，人人鼓足劲，个个情绪高昂，练累了要是呼呼呼的西北风正好来访，还会向阳而立吼上一段秦腔。

C. 劳碌了一年的人们暂时收起农具，闲了下来。麦苗过冬，人也过冬。

D. 有的紧闭嘴唇，瞪圆双眼；有的仰起头，嘴里嘿哈有声；有的闭上双眼嘴角上翘，悠然自得；有的满脸通红，鼓圆腮帮运气。

（2）作者按______讲述了他小时候，孩子们在冬天争相荡秋千时发生的有趣的事，表达了作者对童年时秋千架的不舍。秋千架不仅承载了作者童年时的欢乐，还承载了他浓浓的思乡情怀。（　　）

A. 时间顺序　　B. 事情发展的顺序

C. 空间顺序　　D. 游览顺序

13.《雪地贺卡》

（1）作者为什么要以雪人的名义给李小屹写贺卡？（　　）

A. 李小屹是个相信神话的孩子。

B. 作者想跟李小屹做个游戏。

C. 李小屹给雪人的贺卡让作者很感动。

D. 作者嫉妒雪人能收到真诚的关爱。

（2）判断：尽管李小屹焦急地等待回音，作者最后却选择罢手是因为他觉得下雪天出去不安全，也比较麻烦。（　　）

14.《鱼鳞瓦》

（1）“我相信，老北京的小孩子，

没有一个没干过上房揭瓦这样调皮的事”，跟本句意思相同的是哪一项？（　　）

A. 我相信，老北京的小孩子，有一个没干过上房揭瓦这样调皮的事。

B. 我相信，老北京的小孩子，没有一个干过上房揭瓦这样调皮的事。

C. 我相信，老北京的小孩子，都干过上房揭瓦这样调皮的事。

D. 我相信，老北京的小孩子，有一个干过上房揭瓦这样调皮的事。

（2）判断：文章抒发了作者对鱼鳞瓦虽然历经百年雨雪风霜的洗礼仍结实的赞叹之情，对它因拆迁被遗弃的遗憾之情，同时也有对与鱼鳞瓦息息相关的美好童年的怀念之情。（　　）

15.《沙滩》

（1）“我和妈妈说 / 妈妈再也不许我去海边”这句话我们应该用什么语气来读？（　　）

A. 失落　　B. 悔恨

C. 兴奋　　D. 勇敢

（2）这首诗歌是按照什么顺序写的？（　　）

A. 空间顺序　　B. 逻辑顺序

C. 方位顺序　　D. 时间顺序

16.《我是一只海船》

（1）“飓风”的“飓”用部首查字法应查 ____ 部，用音序查字法应查 ____ 音序。（　　）

A. 风　　B. 具

C. G　　D. J

（2）“我”依次经历了 ____、____、____ 的困难。（　　）

A. 碰到礁岩　　B. 遇到飓风

C. 海上迷路　　D. 在田野里走

17.《热乎乎的鸡蛋》

（1）“我们”吃的鸡蛋是从哪儿来的？（　　）

A. 路上捡的　　B. 妈妈买的

C. 从邻居家捡的　　D. 小伙伴给的

（2）下列说法正确的是哪一项？（　　）

A.“我”掏了自己家老母鸡下的蛋，想吃了它长胖。

B. 老母鸡告“我”状，所以妈妈给“我”一个鸡蛋让“我”还回去。

C. 邻居向“我”的妈妈告状了，说“我”拿了鸡蛋。

D. 妈妈并没有责备“我”，但“我”从妈妈的目光中已经知道自己做错了。

四　整本书阅读

《大林和小林》

（1）《大林和小林》的作者是谁？（　　）

A. 张天翼　　B. 冰心

C. 郑渊洁　　D. 臧克家

（2）“五米赛跑”第一名是____，“红鼻头王子和鳄鱼小姐的赛跑”最后的赢家是____。（　　）

A. 乌龟　　B. 唧唧
C. 红鼻头王子　　D. 鳄鱼小姐

参考答案

一、经典诵读

1.《与小女》

（1）B （2）AB

2.《牧童》（吕岩）

（1）C （2）B

3.《牧童》（栖蟾）

（1）A （2）D

4.《巴女谣》

（1）AD

（2）ABC 解析：这首诗为我们描绘了夏季傍晚巴女骑牛回家，亢声唱着山歌的画面。从最后两句诗中可看出巴女活泼开朗、天真伶俐、调皮自信的一面，但看不出坚强乐观。

5.《幼学琼林（节选）》

（1）D

（2）A 解析："参商"的正确读音是 shēn shāng。

6.《增广贤文（节选）》

（1）B （2）BC

二、美妙的想象

1.《外星人的垃圾分类》

（1）D

（2）B 解析：文章写蓝胡子老爷爷专门收地球上没人要的东西，接着围绕"没人要的东西"展开想象，先写了蓝胡子老爷爷收走了小朋友身上的疾患，再写收走了地球上素质低、行为不文明的人，最后写飞船装满了，飞上天去了。

2.《捕梦的少年》

（1）B （2）B

3.《大树城堡》

（1）C （2）DABC

4.《爱梦想的树》

（1）D （2）A

5.《写童话的爷爷和看童话的耗子》

（1）A

（2）A 解析：老爷爷写的童话故事，充满幻想，语言幽默，"耗子嫁女儿"的故事，也是根据"猫吃老鼠"的常识来进行想象的。所以 A 项说法是错误的。

6.《大画家和小画家》

（1）CAB （2）D

7.《我是一个小孩儿》

（1）对 （2）D

8.《逃家小兔》

（1）AC （2）对

9.《谁住在皮球里》

（1）BC （2）ACD

10.《落叶之歌》

（1）A （2）BCDA

11.《梦中的动物和植物》

（1）B

（2）C 解析：青蛙是两栖动物，在水中、陆地都可以生存。本首诗改变了动植物们常规的生存环境，所以选C项是恰当的。

12.《月亮是块大烙饼》

（1）AC （2）BCDA

13.《公园里的环保小卫士》

（1）ABC （2）对

14.《小水滴旅行记》

（1）D （2）B

三、难忘的童年

1.《童年的水墨画（节选）》

（1）C

（2）BCD 解析：文中第一个片段，写的是孩子们花前绘画的场景，从“蜡笔”“画纸”等词语可以看出来。

2.《放纸鸢》

（1）C

（2）B 解析：这首诗歌主要写了孩子们童年的美好生活，表达了作者对孩子们的羡慕之情。

3.《爸爸的花椒糖》

（1）C

（2）D 解析：“理想丈夫”是不值得信任被应验之后的玩笑，是亲昵的称呼，D选项表述不恰当。

4.《大王杏的记忆》

（1）B

（2）C 解析：这篇文章主要围绕大王杏展开对童年趣事的回忆，主要表达了作者对五奶奶的感激之情。

5.《往事（节选）》

（1）B

（2）ACD 解析：荷叶保护着风雨中的红莲，细心呵护着它的成长，母亲是荷叶，作者是红莲，体现的是母亲对子女的呵护，而不是事事迁就。

6.《爷爷的打火匣（节选）》

（1）ACD （2）对

7.《昆虫迷》

（1）错 解析：作者此处多次列数字，是为了说明法布尔研究每种昆虫用时之多，这足以说明他的坚持不懈。

（2）A 解析：法布尔认为有教师的指导，更容易走向成功，所以A项错误。

8.《我不能忘掉祖国》

（1）D

（2）错 解析：这篇文章主要表达了宋庆龄对祖国的热爱之情。

9.《温馨的歌》

（1）AD

（2）对 解析：童谣是妈妈的歌，是故乡的味道，饱含了妈妈对孩子们的爱，是作者对妈妈最深刻的记忆，也表达了作者对故乡的依恋与怀念。

10.《我的童年（节选）》

（1）C （2）BCD

11.《男孩的童年》

（1）C

（2）A　解析：本文采用的是“总分总”的结构，第1自然段用一句话点明男孩的童年和女孩不太一样，接着列举了种种男孩的表现，最后一个自然段，作者用问句提问，引起读者深思，并对全文做了总结。

12.《冬日的秋千架》

（1）D

（2）B　解析：文章以冬天的来临开头，依次向我们讲述了冬天来了人们闲下来排练节目，为了安排好孩子们，就做了秋千架，做好之后，孩子们争先恐后地荡秋千，最后还写了大人们挑战孩子们也来荡秋千的事情，属于按事情发展的顺序写作。

13.《雪地贺卡》

（1）C

（2）错　解析：作者不回复是不忍心破坏李小屹童年的梦，想让她依然相信神话，感受神话的神奇和童年的幸福。

14.《鱼鳞瓦》

（1）C

（2）对　解析：第2自然段“……是世界上任何一座城市都没有的色彩和力量吧？”这句话让我们看出了作者对鱼鳞瓦的赞叹；最后一个自然段，面对装有历经沧桑的鱼鳞瓦的车，作者发出了“那可都是清朝时候就有的鱼鳞瓦呀……”的叹息，这句话里面的“就有”包含着作者深深的遗憾之情。

15.《沙滩》

（1）A

（2）D　解析：“我去吃饭了”“我去睡觉了”提示我们是按时间顺序来写的。

16.《我是一只海船》

（1）AD　（2）ABC

17.《热乎乎的鸡蛋》

（1）C

（2）D　解析：“我”掏的是邻居家的鸡蛋，所以A项错误；文章中并没有交代是谁告的状，只是说老母鸡用奇怪的目光看着“我”，所以B、C项错误。

四、整本书阅读

《大林和小林》

（1）A　（2）AD

多彩童年 4

一 经典诵读

1.《戏题湖上》

（1）“竹竿袅袅波无际”中“袅袅”的读音正确的是哪一项？（　　）

A.niǎo niǎo　　B.miǎo miǎo

C.niāo niāo　　D.miāo miāo

（2）关于这首诗，下列说法错误的一项是什么？（　　）

A.“矶”在诗中指的是水边突出的岩石。

B.“袅袅”的意思是细长柔弱的样子。

C.“不知何者吞吾钩”是说作者钓了很多鱼。

D.“竹竿袅袅波无际”是指竹竿随风轻轻摆动，烟波浩渺，一望无际。

2.《送春》

（1）“________，不信东风唤不回。”请选出正确的诗句。（　　）

A.门外无人问落花

B.子规夜半犹啼血

C.三月残花落更开

D.小檐日日燕飞来

（2）这首诗描写的是什么季节？

（　　）

A.春季　　B.冬季

C.夏季　　D.秋季

3.《雨后池上》

（1）“一雨池塘水面平，淡磨明镜照檐楹。”这两句诗运用了什么修辞手法？（　　）

A.拟人　　B.比喻

C.排比　　D.夸张

（2）作者依次描写了在雨后池边所见的____、____、____、____等事物。（　　）

A.房屋倒影　　B.池塘

C.荷叶　　D.垂柳

4.《春暮》

（1）“绿阴冉冉遍天涯”中“绿阴”的意思是什么？（　　）

A.天气阴沉。　　B.绿树浓荫。

C.浓绿的颜色。　　D.绿树红花。

（2）判断：“林莺啼到无声处”的意思是：树林里的黄莺叫声清脆响亮。

（　　）

5.《幼学琼林（节选）》

（1）《幼学琼林》是以下哪位作者写的？

（　　）

A.明代程登吉　　B.宋代王令

C.明代王令　　D.宋代程登吉

（2）以下说法正确的一项是什么？

（　　）

A.海棠花是花中的君子。

B. 菊花是花中的隐士。

C. 松树有“君子”之称。

D. 竹子有“大夫”之号。

6.《增广贤文（节选）》

（1）“牡丹花好空入目”的下一句是什么？（　　）

A. 秋至满山多秀色

B. 春来无处不花香

C. 枣花虽小结实成

D. 无月不登楼

（2）以下说法，正确的一项是什么？（　　）

A.“有花方酌酒”中的“酌”读音为“sháo”。

B.《增广贤文》的作者为明代程登吉。

C. 相比于牡丹花，更喜欢枣花，因为枣花漂亮。

D. 枣花虽然小，但是枣子却可以供人食用。

二 大自然的奥秘

1.《山中访友（节选）》

（1）“忽然下起雷阵雨，像有一千个侠客在天上吼叫，又像有一千个喝醉了酒的诗人在云头朗诵，又感人又有些吓人。”这句话运用了什么修辞手法？（　　）

A. 拟人　　B. 排比

C. 比喻　　D. 对比

（2）对于本文主旨的把握，正确的是哪一项？（　　）

A. 表达了作者对大自然的热爱之情。

B. 表达了作者对祖国的怀念之情。

C. 表达了作者对家乡的喜爱之情。

D. 表达了作者对家乡的怀念之情。

2.《家园落日（节选）》

（1）下列哪一项不是作者所见到的落日？（　　）

A. 戈壁落日　　B. 草原落日

C. 云海落日　　D. 平原落日

（2）判断：“看大海落日是在美国。或许因为是别人的太阳，总感到它的生分不遂意。”这句话体现了作者对祖国的怀念之情。（　　）

3.《细菌》

（1）判断：“那么，1个细菌一点钟以后就是2个，两点钟以后就是4个，三点钟以后就是8个，一整天以后就是16777216个，多么大的数目啊！”作者通过一系列的数字，让我们清晰地了解了细菌的繁殖能力是多么强大。（　　）

（2）对本文主旨的理解正确的是哪一项？（　　）

A. 细菌到处都有，对人体有很大的害处。

B. 细菌的分裂不受到限制。

C. 细菌对人类有害也有益，我们不能片面地看问题。

D. 细菌对人类有很大的好处，我们不

用害怕细菌。

4.《珊瑚王国》

（1）判断：文章的第 3 自然段是围绕“珊瑚虫多群居，聚集在珊瑚骨上”这句话来写的。（　　）

（2）对于本文，以下说法不正确的是哪一项？（　　）

A. 人们一下子就认识到了珊瑚应该属于动物界。

B. 珊瑚虫是一群一群聚居生活在一起的。

C. 珊瑚丛上会开满闪烁着白光的星形小花朵。

D. 把珊瑚丛比喻为奇特的建筑，让我们对珊瑚丛这千姿百态、结构奇特的形状留下了更深的印象。

5.《大地裂口了》

（1）本文的作者是谁？（　　）

A. 萧红　　B. 叶圣陶

C. 老舍　　D. 鲁迅

（2）本文写大地裂口，表现了冬天的严寒，以下哪些句子表现了严冬的寒冷？（　　）

A. 年老的人，一进屋就用扫帚扫着胡子上的冰溜。

B. 卖豆腐的人清早起来沿着人家去叫卖，偶一不慎，就把盛豆腐的方木盘贴在地上拿不起来了，被冻在地上了。

C. 小狗冻得夜夜叫唤，哽哽的，好像它的脚爪被火烧着一样。

D. 大风雪的夜里，竟会把人家的房子封住，睡了一夜，早晨起来，一推门，竟推不开门了。

6.《沧海日出（节选）》

（1）早霞的颜色变化顺序是：____、____、____。（　　）

A. 鲜红　　B. 橘红

C. 粉红　　D. 嫩红

（2）本文主要抓住哪一方面描写了沧海日出？（　　）

A. 天空颜色的变化

B. 天空的广阔无垠

C. 大海的静

D. 大海的广阔无垠

7.《变幻多彩的地球》

（1）下列说法不正确的一项是什么？（　　）

A. 蓝色的衣服是海洋湖泊。

B. 两极终年穿着蓝色的衣服。

C. 沙漠和半沙漠地区穿着黄色的衣服。

D. 大气是地球最重要的一件外衣。

（2）本文的结构是什么？（　　）

A. 总分　　B. 分总

C. 并列　　D. 总分总

8.《霞光》

（1）判断：“今天的霞光，真美！”这句话应读出惊喜的语气。（　　）

（2）“柳也睡了，楼也静了，路上的

行人寥寥无几。”这句话运用了什么修辞手法？（　　）

A. 排比　　B. 拟人

C. 比喻　　D. 夸张

9.《云南看云（节选）》

（1）中国北部的云的特点是____，南部的云的特点是____。（　　）

A. 厚重　　B. 活泼

C. 凝重　　D. 深沉

（2）下列说法不正确的是哪一项？（　　）

A. 云南天上的云变化得出奇，尤其是傍晚，云的颜色、形状、风度，实在动人。

B. 云有云的地方性，北方的云像人一样厚重，南方的云像人一样活泼。

C. 青岛海面的云在色彩丰富方面首屈一指。

D. 傍晚的黑云，越黑越碍事，云南也不例外。

10.《拉萨的天空（节选）》

（1）下列哪一项不是拉萨天空的特点？（　　）

A. 湛蓝　　B. 清爽

C. 透亮　　D. 朦胧

（2）“……都会看到许多人在荧屏上和书本上看到过的那座高大的、依山而建的、气势磅礴的建筑——布达拉宫。”句中破折号的作用是什么？（　　）

A. 话语的中断　　B. 解释说明

C. 统领下文　　D. 表提示

11.《海的颜色》

（1）下面哪一项不是作者在渤海湾看到的海的颜色？（　　）

A. 蓝色　　B. 草绿色

C. 黄褐色　　D. 红褐色

（2）作者先后写了哪几个地方的海？请排序：____、____、____、____。（　　）

A. 摩纳哥　　B. 渤海湾

C. 西沙群岛　　D. 意大利西西里岛

12.《以雷鸣夏》

（1）大自然的四季交响乐，不包括下列哪一项？（　　）

A. 以鸟鸣春　　B. 以雷鸣夏

C. 以虫鸣秋　　D. 以雨鸣冬

（2）以下哪一项不是雨后空气清新的原因？（　　）

A. 大雨冲掉灰尘。

B. 氧气变为臭氧。

C. 产生二氧化氮。

D. 臭氧能够杀菌与漂白。

13.《冰川的风格（节选）》

（1）“____当你乘坐飞机飞越南极大陆时，你____能看到南极冰川的真正气势。”选择合适的关联词填入语句中。（　　）

A. 虽然……但是……

B. 因为……所以……

C. 不但……而且……

D. 只有……才……

（2）最后一个自然段作者介绍世界上最大的冰川时，没有用到下列哪一种说明方法？（　　）

A. 下定义　　B. 举例子

C. 作比较　　D. 列数字

14.《瑞雪图（节选）》

（1）第 4 自然段中，作者是按照怎样的顺序描写雪后景色的？（　　）

A. 由远及近　　B. 由近及远

C. 由里到外　　D. 由外到里

（2）“啊，好一幅北国寒冬瑞雪丰年的画图！”这句话体现了作者怎样的思想感情？（　　）

A. 对图画的喜爱　　B. 对图画的赞美

C. 对瑞雪的喜爱　　D. 对孩子们的喜爱

15.《白水台看云》

（1）科学解释白水台是____，纳西族说是____。（　　）

A. 仙人遗田　　B. 化学反应

C. 物理反应　　D. 天然形成

（2）“在高原旅行，除了扑面而来的美景，最使你激动的是什么呢？是天上的云。”这是一个什么句子？（　　）

A. 疑问句　　B. 设问句

C. 反问句　　D. 感叹句

三 有趣的故事

1.《关公收周仓》

（1）本文按顺序写了关公和周仓比赛的哪两件事情？（　　）

A. 打蚂蚁　　B. 掷稻草

C. 逮野猪　　D. 扛大刀

（2）判断：通过本文的学习，我们明白了做事情只有勇气和胆气是不够的，还要善于动脑筋，要认真思考才行。（　　）

2.《小气奶奶》

（1）“有一天，小气奶奶病了，她去找医生，说：‘我呀——伤风又感冒，吃了一瓶药。为啥不出汗？不知道，不知道。’”这段话是人物的什么描写？（　　）

A. 外貌　　B. 神态

C. 语言　　D. 动作

（2）医生让小气奶奶把橘子分给小朋友的原因是什么？（　　）

A. 想让小气奶奶改正小气的毛病。

B. 想让小气奶奶出汗。

C. 想故意为难小气奶奶。

D. 是因为小气奶奶没有生病。

3.《方脸和圆脸》

（1）下面哪一项不是老公公所喜欢的？（　　）

A. 坐方凳　　B. 用方杯

C. 迈四方步　　D. 枕大南瓜

（2）本文的结构是什么？（　　）

A. 总分　　B. 总分总

C. 分总　　D. 并列

4.《天哪，司机是老虎》

（1）“老……老虎！”中省略号的作用是什么？（　　）

A. 表示沉默不语。

B. 表示说话时断断续续。

C. 表示列举事物的省略。

D. 表示语音的延长。

（2）判断：本文可以借助示意图，按照地点变化的顺序进行复述。（　　）

5.《樵夫智寻猎户》

（1）“最好快点去收，____那老虎死了，____不值钱了。”选择正确的词语填空。（　　）

A. 否则　　B. 即使

C. 就　　D. 也

（2）文章中樵夫想出了什么方法？（　　）

A. 农夫自己挨着去问山下的猎户。

B. 樵夫让农夫说夹子夹住了老虎，谁承认就是谁放的。

C. 樵夫赔偿农夫的损失。

D. 樵夫去山下说夹子夹住了老虎，谁承认就是谁放的。

6.《金斧头》

（1）老人先后从河里给程实捞出了：____、____、____。（　　）

A. 铁斧头　　B. 银斧头

C. 金斧头　　D. 铜斧头

（2）对本文主旨的理解正确的是哪一项？（　　）

A. 这个故事告诉我们做人要勤劳。

B. 这个故事告诉我们做人要诚实。

C. 这个故事教育我们要珍惜时间。

D. 这个故事告诉我们要能言善辩。

7.《灯花姑娘》

（1）“扎个老鹰，就像要飞上天空；扎个鱼儿，就像在水里游；扎个野兽，就像要重返山林。”这句话用了什么修辞手法？（　　）

A. 比喻　　B. 排比

C. 夸张　　D. 拟人

（2）判断：在复述《灯花姑娘》这个故事时，要抓住文中描写灯花姑娘出现的情节，不能省略。（　　）

8.《神笛》

（1）将“牛吃了一畦野荠菜”“财主抡起棍子就朝牛身上打”两句连成一句，应选择哪组关联词？（　　）

A. 虽然……但是……

B. 因为……所以……

C. 不但……而且……

D. 只有……才……

（2）判断：文中的少年是一个非常勇敢、重情重义、善良、有爱心的人。（　　）

9.《太阳脸》

（1）“忧心忡忡”是什么意思？（　　）

A. 形容非常开心。　B. 形容非常安静。

C. 形容非常忧愁。　D. 形容非常激动。

（2）太阳脸是个怎样的孩子？（　　）

A. 心地善良　　B. 冷酷无情

C. 蛮不讲理　　D. 惹是生非

10.《侦探与小偷》

（1）侦探交给小偷的字条上写着什么字？（　　）

A. 犯了错就要主动承认错误。

B. 若要人不知，除非己莫为！

C. 交出同伙，可减轻罪责。

D. 苦海无边，回头是岸！

（2）判断：大侦探没有把小偷抓起来交给警察局的原因是想利用小偷引出他的同伙。（　　）

11.《鲁妹造伞》

（1）鲁班造了几座亭子？（　　）

A. 十座　　B. 一座

C. 半座　　D. 九座

（2）判断：复述这个故事时，可以借助表格的形式，将哥哥和妹妹不同的表现列入表格中，再按照表格内容进行复述。（　　）

12.《火烧裳尾》

（1）以下词语解释不正确的是哪一项？（　　）

A. 性宽缓：性子慢。B. 欲：想要。

C. 恐：害怕。　　D. 果：果子。

（2）以下说法，错误的一项是什么？（　　）

A. 跟自己无关的事情不要去管。

B. 我们要认清自己的短处，不要因为自己的短处伤害到别人。

C. 遇到事情，要分轻重缓急，不能拘泥不变。

D. 那些不切实际的人，不懂事情的轻重缓急，导致他人利益受到损害。

13.《金头发》

（1）小娃子在寻找太阳婆婆的路上先后遇到了____、____、____、____，请排序。（　　）

A. 守树人　　B. 摆渡人

C. 小女孩　　D. 看井人

（2）判断：复述这个故事可以借助示意图，按照地点的变化进行复述。（　　）

14.《尧的传说》

（1）尧把部落首领的位置禅让给了谁？（　　）

A. 舜　　B. 尧

C. 丹朱　　D. 禹

（2）尧是因为什么而成为有名的首领的呢？以下说法不正确的是哪一项？（　　）

A. 为人十分节俭朴素。

B. 十分顾念部落里的人。

C. 打败了自己的儿子。

D. 把位置禅让给有才能的人。

15.《长发妹》

（1）“她探出身子，抓住萝卜缨，用力往外拔。”这句话是关于人物的什么描写？（　　）

A. 心理　　B. 外貌

C. 动作　　D. 神态

（2）对本文的主旨把握正确的是哪一项？（　　）

A. 我们要做诚实守信的人。

B. 善良的人会得到好的回报。

C. 遇到问题要学会动脑思考。

D. 内心强大很重要。

四 中国精神

1.《画家乡》

（1）你的家乡、我的家乡、他的家乡，合在一起，就是什么？（　　）

A. 祖国　　B. 大山

C. 江河　　D. 草原

（2）判断：本文主要表达了作者对祖国的赞美和喜爱之情。（　　）

2.《把国旗升起来》

（1）“升起对祖国坚定的誓言！”应该读出怎样的语气？（　　）

A. 惊讶　　B. 坚定

C. 高兴　　D. 平淡

（2）我们的心声是____，我们的誓言是____。（　　）

A. 回报祖国母亲　B. 对祖国深深的爱

C. 对祖国的怀念　D. 对家乡的热爱

3.《美丽的足迹——鲁迅先生在厦门》

（1）“分外亲切”中“分”的读音是哪一项？（　　）

A.fēn　　B.fén

C.fěn　　D.fèn

（2）下列对鲁迅先生的人物分析，不正确的是哪一项？（　　）

A. 鲁迅先生是一个朴素的人。

B. 鲁迅先生是一个风趣的人。

C. 鲁迅先生是一个为人随和的人。

D. 鲁迅先生是一个骄傲的人。

五 整本书阅读

《叶永烈讲述科学家故事100个》

（1）“妙手神医”是____，“蒸汽大王”是____，“昆虫迷”是____，“飞机兄弟”是____。（　　）

A. 法布尔　　B. 莱特兄弟

C. 华佗　　D. 瓦特

（2）华罗庚是一个怎样的人？下列说法不正确的一项是什么？（　　）

A. 热爱祖国

B. 孜孜不倦地钻研

C. 勇于向真理挑战

D. 喜欢过富裕的生活

参考答案

一、经典诵读

1.《戏题湖上》

（1）A

（2）C　解析：本句诗的意思是不知道哪一条鱼会上钩。

2.《送春》

（1）B

（2）A　解析：从“三月残花落更开，小檐日日燕飞来”看出是晚春时节。

3.《雨后池上》

（1）B　（2）BADC

4.《春暮》

（1）B

（2）错　解析：正确的意思是，林间的黄莺啼声渐渐停下。

5.《幼学琼林（节选）》

（1）A　（2）B

6.《增广贤文（节选）》

（1）C　（2）D

二、大自然的奥秘

1.《山中访友（节选）》

（1）C

（2）A　解析：文章从开始就写自己带着好心情，走进山中，访问好友，表达了对大自然的热爱之情。

2.《家园落日（节选）》

（1）B

（2）对　解析：作者说在美国看落日不遂意，更多的是表达了对祖国的思念。

3.《细菌》

（1）对

（2）C　解析：文章既写了细菌对人体不利的方面，又写了对人体有益的方面。

4.《珊瑚王国》

（1）对

（2）A　解析：通过文中的介绍，我们知道，人们对珊瑚的认识是有一个过程的，先是被归入矿物界，后又被归入植物界，最后又被归入动物界。

5.《大地裂口了》

（1）A　（2）ABCD

6.《沧海日出（节选）》

（1）CBA　（2）A

7.《变幻多彩的地球》

（1）B　（2）D

8.《霞光》

（1）对　（2）B

9.《云南看云（节选）》

（1）AB

（2）D　解析：最后一个自然段说：云南傍晚的黑云，越黑反而越不碍事，且表示第二天天气必然顶好。

10.《拉萨的天空（节选）》

（1）D

（2）B　解析：破折号引出的解释说明是正文的一部分，是较重要的信息。

11.《海的颜色》

（1）A　（2）BCDA

12.《以雷鸣夏》

（1）D　（2）C

13.《冰川的风格（节选）》

（1）D

（2）A　解析：最后一个自然段的第一句是举例子；“长达 400 千米，宽约 64 千米”是列数字；“甚至比一条小溪都要慢得多”是作比较。

14.《瑞雪图（节选）》

（1）A

（2）C　解析：本文主要描写了雪后北国的美景，既有静止的景物，又有孩子们欢乐的身影，且都是瑞雪带来的欢乐。

15.《白水台看云》

（1）BA　（2）B

三、有趣的故事

1.《关公收周仓》

（1）AB

（2）对　解析：本文讲述了关公不仅有勇气，而且智取了周仓的故事。说明做事不仅要有勇气，而且要善于动脑。

2.《小气奶奶》

（1）C

（2）B　解析：因为小气奶奶得了伤风感冒，吃了一瓶药没有出汗，医生知道她很小气，如果把橘子分给小朋友们之后肯定会心疼得冒汗。

3.《方脸和圆脸》

（1）D

（2）B　解析：文章开头点明了山脚下住着一户人家，家里有一位老公公和一位老婆婆，中间部分是写二人吵架分家的事，结尾写老公公和老婆婆还住在一起，他们越过越快活，所以是“总分总”的结构。

4.《天哪，司机是老虎》

（1）B

（2）对　解析：老虎司机带大家去过好几个地方，地点一直在发生变化，所以可以参考教材中《漏》这篇课文，按照地点的变化复述故事。

5.《樵夫智寻猎户》

（1）AC　（2）B

6.《金斧头》

（1）CBA

（2）B　解析：程实很诚实，不要白胡子老人捞上来的金斧头、银斧头，而是要了自己的铁斧头；而财主撒谎要了金斧头、银斧头，最后却淹死了。故事教育我们要做诚实的人。

7.《灯花姑娘》

（1）B

（2）对　解析：复述故事时，要抓住关键情节来复述。灯花姑娘是这篇文章的主要人物，不能省略。

8.《神笛》

（1）B

（2）对　解析：文中的少年为了救老牛，不怕路途遥远和野兽，而且找到神笛后，也是天天帮助穷人。

9.《太阳脸》

（1）C　（2）A

10.《侦探与小偷》

（1）B

（2）错　解析：大侦探想让小偷及其同伙自己悔改，主动承认错误，不要再做坏事。

11.《鲁妹造伞》

（1）A

（2）对　解析：哥哥和妹妹比赛时各自有着不同的表现，可以借助表格梳理他们做了什么，怎么想的，然后进行复述。

12.《火烧裳尾》

（1）D

（2）A　解析：文中讽刺了那些看不到自己的短处，指责别人，损害别人利益的人。

13.《金头发》

（1）BADC

（2）对　解析：小娃子在寻找太阳婆婆的路上，经过很多地方，发生了不同的事情，回来的路上又一次经过这些地方，所以可以借助示意图，按照地点的变化进行复述。

14.《尧的传说》

（1）A

（2）C　解析：文中提到尧为人朴素，顾念部落里的人，寻找有才能的人这几个方面，正是这些才使他成为出名的首领。

15.《长发妹》

（1）C

（2）B　解析：本文中的长发妹为了村里人能喝到水，不顾自己的生命安全，结果得到了榕树的帮助，不仅没有生命危险，还长出了黑头发。

四、中国精神

1.《画家乡》

（1）A

（2）对　解析：作者画了祖国的山山水水、一草一木，体现了对祖国的喜爱和赞美之情。

2.《把国旗升起来》

（1）B　（2）BA

3.《美丽的足迹——鲁迅先生在厦门》

（1）D

（2）D　解析：鲁迅先生穿着朴素、风趣幽默、为人随和，并不是一个骄傲的人。

五、整本书阅读

《叶永烈讲述科学家故事 100 个》

（1）CDAB

（2）D　解析：华罗庚为了祖国，放弃了富裕的生活。

图书在版编目（CIP）数据

多彩童年 / 崔峦主编. — 上海：上海教育出版社，2021.12

ISBN 978-7-5720-0808-5

Ⅰ. ①多… Ⅱ. ①崔… Ⅲ. ①阅读课—小学—教学参考资料 Ⅳ. ①G624.233

中国版本图书馆CIP数据核字（2021）第260856号

责任编辑　吴廷廷
封面设计　陈丽娟　王艺霖
著作权人　北京华樾教育科技有限公司

多彩童年

崔峦　主编

出版发行　上海教育出版社有限公司
官　　网　www.seph.com.cn
地　　址　上海市闵行区号景路159弄C座
邮　　编　201101
印　　刷　肥城新华印刷有限公司
开　　本　720 × 1010　1/16　印张 36
字　　数　400千字
版　　次　2021年12月第1版
印　　次　2021年12月第1次印刷
书　　号　ISBN 978-7-5720-0808-5/G · 0624
定　　价　168.00元（全四册）

如发现质量问题，请向本社调换　　021-64373213

自由阅读：

这部分文章可自主阅读，也可与同学合作阅读。部分文章添加批注，提醒你在某些地方可以停下来想一想。

自由阅读

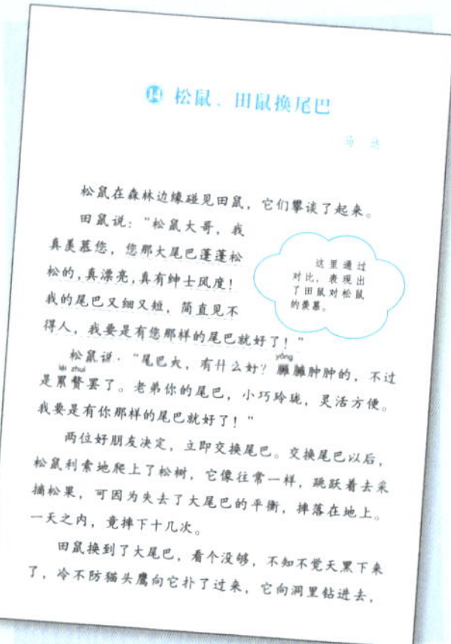

14 松鼠、田鼠换尾巴

马达

松鼠在森林边缘碰见田鼠，它们攀谈了起来。

田鼠说：“松鼠大哥，我真羡慕您，您那大尾巴蓬蓬松松的，真漂亮，真有绅士风度！我的尾巴又细又短，简直见不得人，我要是有您那样的尾巴就好了！”

这里通过对比，表现出了田鼠对松鼠的羡慕。

松鼠说：“尾巴大，有什么好？臃(yōng)臃肿肿的，不过是累赘(léi zhui)罢了。老弟你的尾巴，小巧玲珑，灵活方便。我要是有你那样的尾巴就好了！”

两位好朋友决定，立即交换尾巴。交换尾巴以后，松鼠利索地爬上了松树，它像往常一样，跳跃着去采摘松果，可因为失去了大尾巴的平衡，摔落在地上。一天之内，竟摔下十几次。

田鼠换到了大尾巴，看个没够，不知不觉天黑下来了，冷不防猫头鹰向它扑了过来，它向洞里钻进去，

整本书阅读

每个分册都向你推荐了一本好书。你可以借助“推荐语”“作者简介”“内容梗概”“精彩片段”“阅读小贴士”“我伴你读”等展开整本书的阅读。相信你会喜欢上它们。

推荐语

《克雷洛夫寓言》是一部风靡世界的寓言集。其内容既有对俄国自然风光的描写，又有对古朴淳厚的风土人情的叙述，它还塑造了众多的形象，有的揭露了统治者及其帮凶的罪行，如《狼和小羊》中的狼、《大象和哈巴狗》中的哈巴狗；有的歌颂了劳动者的勤劳、公正、无私等优秀品质，树立了值得讴歌的正面形象，如《狼落狗舍》中的猎狗。整本书充满了浓郁的俄国生活气息，深受人们的喜爱。

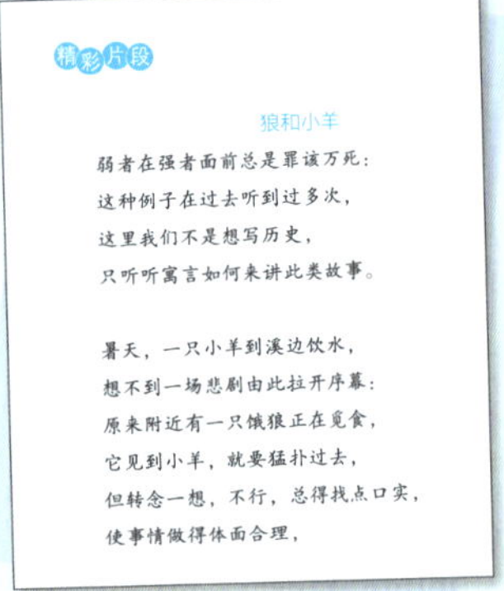

精彩片段

狼和小羊

弱者在强者面前总是罪该万死：
这种例子在过去听到过多次，
这里我们不是想写历史，
只听听寓言如何来讲此类故事。

暑天，一只小羊到溪边饮水，
想不到一场悲剧由此拉开序幕：
原来附近有一只饿狼正在觅食，
它见到小羊，就要猛扑过去，
但转念一想，不行，总得找点口实，
使事情做得体面合理，

内容梗概

《克雷洛夫寓言》一书收集了克雷洛夫创作的206篇寓言。这些寓言都以诗体写成，语言简洁生动，幽默风趣。每个故事中都有性格鲜明的主角，有飞禽走兽，也有花鸟虫鱼。克雷洛夫让自然界的生物扮演了不同的角色，用优美的语言、深刻的寓意来刻画社会上各种人物的复杂性格，反映了广泛的社会生活。在寓言中，克雷洛夫还运用和提炼了大量反映俄国人民智慧的童话和谚语，而他的一些警句又反过来变成了新的谚语在人民中间传诵，这对俄国文学和语言发展产生了一定的影响。

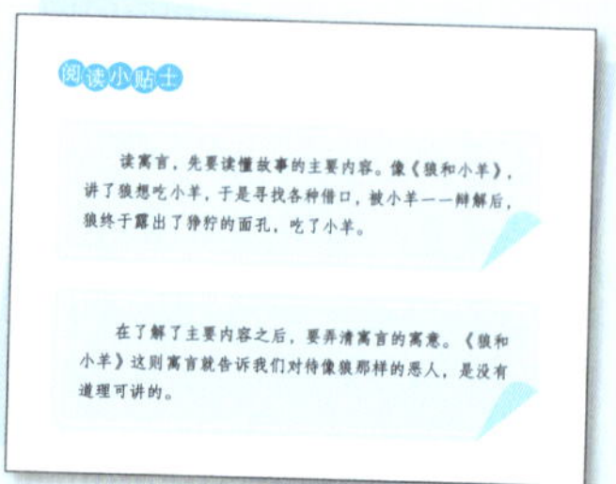

阅读小贴士

读寓言，先要读懂故事的主要内容。像《狼和小羊》，讲了狼想吃小羊，于是寻找各种借口，被小羊一一辩解后，狼终于露出了狰狞的面孔，吃了小羊。

在了解了主要内容之后，要弄清寓言的寓意。《狼和小羊》这则寓言就告诉我们对待像狼那样的恶人，是没有道理可讲的。

一本书就是一个五彩缤纷的世界。请你捧起书尽情地阅读吧，去感受书中的精彩，体验不一样的生活！

内容丰富活泼，激发阅读兴趣

经典诵读，跟着音频快乐读

趣味读书，沉浸体验

1 打开微信扫一扫，开通会员

扫描下方二维码，开通会员账号。

素养文库注册二维码

2 素养文库使用介绍

开通会员后，可使用导读视频、古诗文音频、阅读留痕功能。

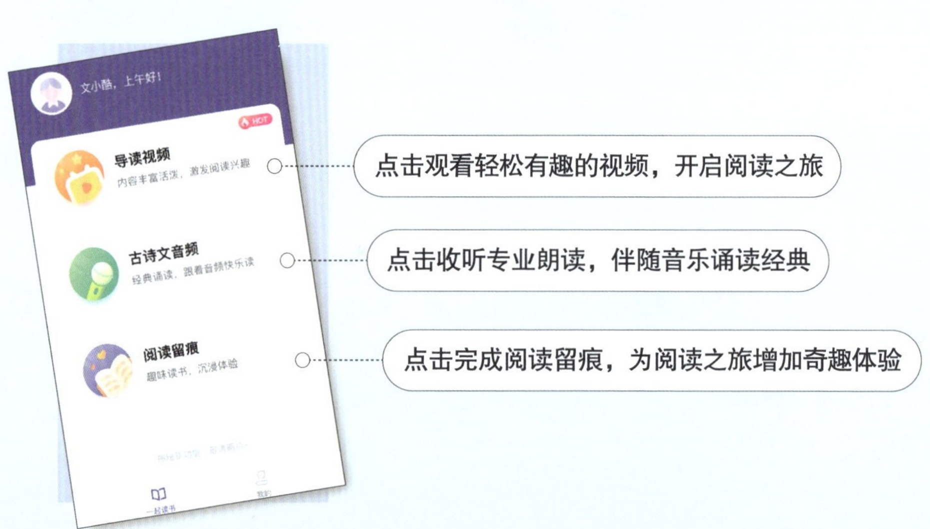

专题阅读

“专题阅读”板块一般由“范文阅读”“组文阅读”“自由阅读”三部分组成。

范文阅读：

精选名家名篇，内容生动有趣，语言细腻、准确，饱含智慧。文章中的批注紧扣学习要点，希望能引发你的思考和感悟。

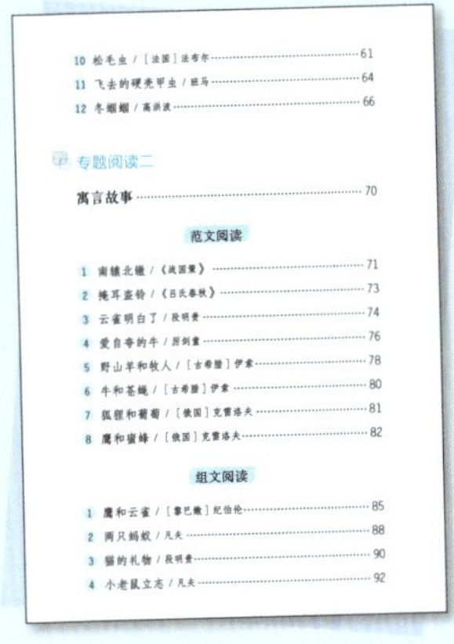

专题阅读二

范文阅读

组文阅读

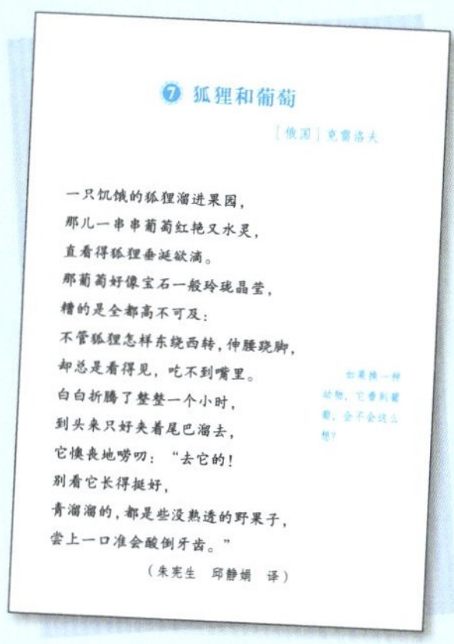

7 狐狸和葡萄

［俄国］克雷洛夫

一只饥饿的狐狸溜进果园，
那儿一串串葡萄红艳又水灵，
直看得狐狸垂涎欲滴。
那葡萄好像宝石一般玲珑晶莹，
糟的是全都高不可及：
不管狐狸怎样东绕西转，伸腰跷脚，
却总是看得见，吃不到嘴里。
白白折腾了整整一个小时，
到头来只好夹着尾巴溜去，
它懊丧地唠叨：“去它的！
别看它长得挺好，
青溜溜的，都是些没熟透的野果子，
尝上一口准会酸倒牙齿。”

（朱宪生　邱静娟　译）

如果换一种动物，它看到葡萄，会不会这么想？

《多彩童年》第1册

组文阅读：

围绕一个主题将多篇文章组合在一起。针对这几篇文章，我们还设计了阅读实践活动，启发你一边阅读一边思考。如：《多彩童年》第1册中的“专题阅读二”围绕“寓言故事”这个主题精选了4篇文章，在阅读实践活动的引领下，相信你会对如何阅读寓言故事有更深刻的认识。

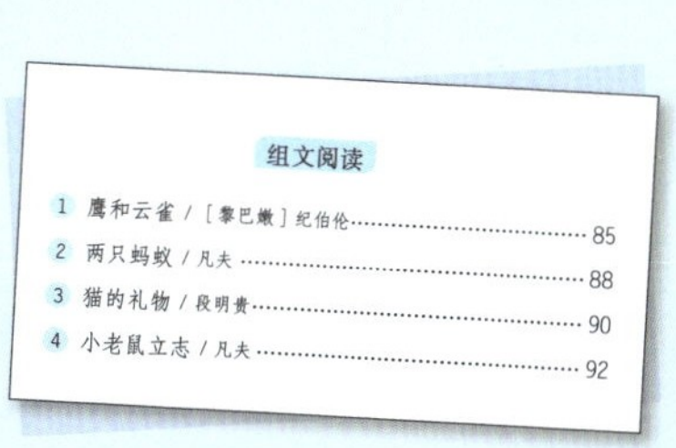

组文阅读

阅读实践

活动一

阅读四篇寓言故事，根据提示完成下面的表格。

文章题目	明白的寓意	对应的句子
《鹰和云雀》		
《两只蚂蚁》		
《猫的礼物》		
《小老鼠立志》		

《多彩童年》阅读资源

使用说明

亲爱的同学，这是我们精心为你编写的素养提升丛书。当你打开这套书时，一段愉快而有意义的阅读时光便开始了！

《多彩童年》这套书是由小学语文统编教材主编崔峦老师领衔、多位特级教师共同编写，适合8至9岁儿童阅读，共有4册，每册分为“经典诵读”“专题阅读”“整本书阅读”三大板块。

经典诵读

“经典诵读”板块有6篇古诗文。你可以利用零散时间读一读，也可以利用晨读时间与同学共读，还可以扫码收听名家配乐朗诵。

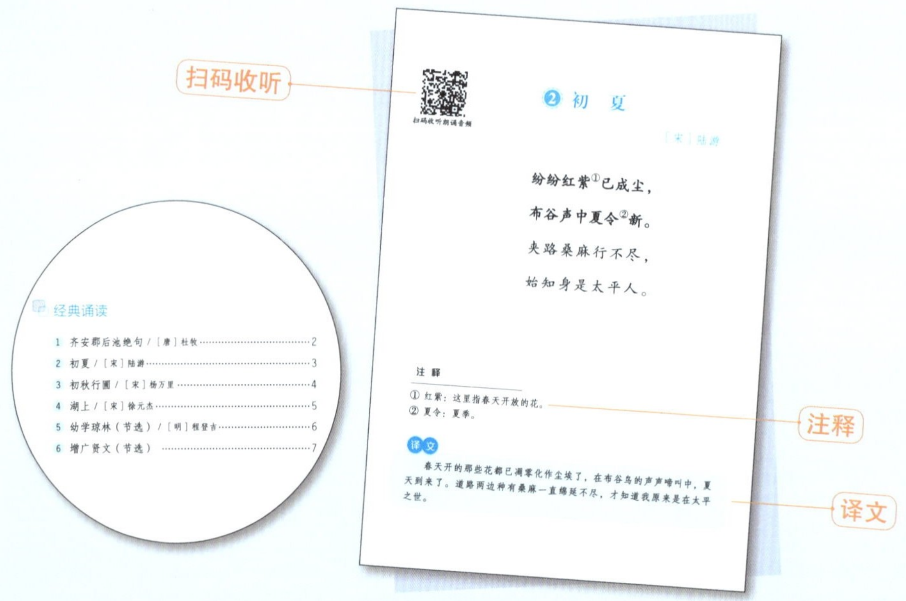